正面管教

文 德 编著

吉林文史出版社

图书在版编目（CIP）数据

正面管教 / 文德编著. -- 长春 : 吉林文史出版社, 2020.5（2024.8重印）

ISBN 978-7-5472-6848-3

Ⅰ. ①正… Ⅱ. ①文… Ⅲ. ①家庭教育 Ⅳ. ①G78

中国版本图书馆CIP数据核字(2020)第058561号

正面管教

ZHENGMIANGUANJIAO

编　　著　文　德

责任编辑　张雅婷

封面设计　末末美书

出版发行　吉林文史出版社有限责任公司

地　　址　长春市福祉大路5788号

电　　话　0431-81629353

网　　址　www.jlws.com.cn

印　　刷　北京永顺兴望印刷厂

开　　本　880mm × 1230mm　1/32

印　　张　4

字　　数　80千

版　　次　2020年5月第1版　2024年8月第3次印刷

定　　价　19.80元

书　　号　ISBN 978-7-5472-6848-3

前　言

\PREFACE\

下面是一位母亲成功教育孩子的真实故事，希望我们从中得到启迪。

孩子上幼儿园了，母亲第一次参加家长会，幼儿园的老师说：“你的儿子有多动症，在板凳上连三分钟都坐不了，你最好带他到医院看一看。”回家的路上，儿子问她，老师都说了些什么？她鼻子一酸，差点儿流下泪来。因为全班30位小朋友唯有他表现最差；唯有他，教师表现出不屑。然而，她还是告诉儿子：“老师表扬了你，他说宝宝原来在板凳上坐不了一分钟，现在能坐三分钟了。别的家长都非常羡慕妈妈，因为全班只有宝宝进步了。”那天晚上，她儿子破天荒地吃了两碗米饭，并且没让人喂。

儿子上小学了，在又一次家长会上，老师对这位说：“全班50名同学，这次数学考试，你儿子排在第49名。我怀疑他智力上有些障碍，你最好能带他去医院查一查。”回家的路上，她流下了泪。然而，当回到家里，看到诚惶诚恐的儿子，她又振作起精神，对坐在桌前的儿子说：“老师对你充满信心。他说了，你并不是个笨孩子，只要能细心些，准会超过你的同桌。这次你的同桌排在第21名。”说这话时，她发现，儿子黯淡的眼神一下子充满了喜悦的光芒，沮丧的脸也一下子舒展开来。第二天上学，儿子去得比平时都要早。

孩子上了初中，又一次开家长会，老师告诉母亲：“按你儿子现在的成绩，考重点中学希望不大。”她怀着忧虑的心情走出校门，发现儿子在门口等她，便告诉儿子：“班主任对你非常满意，她说，只要你努力，很有希望考上重点中学。”

高中毕业了，当儿子把一份清华大学的录取通知书交到母亲手里时，边哭边说：“妈妈，我一直都知道，我不是一个聪明的孩子，是您……”这时，她悲喜交加，再也按捺不住十几年来凝聚在心中的泪水，任它滴在手中那份录取通知书上。

这个故事读来让人潸然泪下，我们不禁被这位母亲的行为所感动，是她一次次满怀激情的夸奖成就了孩子的美好未来。

这是一位卓越的母亲，她用她那超然的心境和博大宽宏的胸怀，为孩子撑起了美好的天空，更为天下的父母做出了榜样。

世上没有不好的孩子，每个孩子的生命都存在无限的可能性。所以，哪怕天下所有的人都看不起你的孩子，做父母的也要眼含热泪地拥抱他，亲吻他，赞美他，为自己创造的生命喝彩！

天下的父母，如果你正在为自己的孩子的教育问题感到苦恼，正在为他们不尽如人意的表现发愁，正在对他们的能力产生疑问，那就请你赶快拿起此书！它会让你眼前一亮，它会让你明白：孩子之所以没有你想象中优秀，是因为你没有做好正面管教！

目录

\CONTENTS\

第一章

尊重是教育的基础

尊重是爱的真谛

离开了尊重的爱，是一种不全面的爱，甚至可以说是一种畸形的爱，它会影响孩子正常心智的发展，难以使孩子形成健康的人格。教育孩子一定要尊重孩子，顺应孩子的天性，没有尊重、变质的爱只会收获苦果。

现实中有一些孩子确实就是被父母逼着走向成功的，但有关专家指出，这种教育方法是很危险的，主要表现在以下两个方面：

其一，做父母的，假如只是一味地要求孩子达到他们为孩子设定的目标，而不研究孩子成长的环境，不了解目标是否顺应了孩子的兴趣、爱好、天赋，那么即使孩子按照父母的意愿取得了所谓的成功，但也可能因此影响了孩子本可以取得的另一种更大的成功，或者这种已经取得的成功只能是一种暂时的表面现象，缺乏持久性。

其二，被父母逼着走向成功的孩子，由于未顺应自己的天赋和爱好，其独立人格的发展必然会受到影响。即使孩子取得了成功，也可能存在着一种很大的缺陷，心智的发展可能受到影响而不健全。

当然，教育孩子与严格要求是分不开的，但这种严格必须以尊重为前提，以不妨碍孩子的性格健全发展为标准。严格要求是爱的合理内核，而尊重则是爱的真谛。正确的爱应该是有理智、有原则的爱。正确的爱有益于孩子的身心健康，畸形的爱不利于孩子的成长。心态是西瓜，成绩是芝麻，拥有良好的心态是根本，学习成绩只是附加产品。父母不要过分操心孩子的学习，而是要培养热爱生命、积极生活的孩子。孩子成长是立体的，各方面都均衡发展的孩子才是优秀的孩子。

我们可以像训练动物一样训练孩子，强迫他们达到我们的要求，但是，缺乏人文关怀的训练，是人性的扭曲，不是教育。用尊重孩子的态度进行教育，虽然不像以命令的方式进行教育那样简捷方便，但对孩子的生活、学习乃至一生的正面影响是不可估量的。

缺少了尊重，无法读懂孩子

尊重和信任是沟通情感的桥梁。谁尊重孩子，孩子就尊重谁。只有尊重孩子的人，他才有教育孩子的资格。无论是怎样的孩子，只要尊重他们，就能与他们畅通无阻地进行沟通与交流。

有位家长常常被自己与儿子间的矛盾所困扰。有一次，她在教训儿子时，遭儿子顶嘴，气得掉下了眼泪。儿子见到她那副伤心失望的样子，不但不让步，反而奚落她说："扮什么可怜相！"这位家长一听马上收泪，破门而出。这已不仅仅是伤心的问题，而是作为长辈应有的尊严遭到践踏的问题。

代沟问题一直是现实中令父母和孩子都深感头疼的问题。

"我和父母几乎没什么话可说，他们问我最多的就是学习情况，我特烦这个。"已经上了初二的赵亮说，"我喜欢和同学聊聊足球，可妈妈不懂，也不感兴趣。所以她说我整天只知道玩，也不讨论讨论学习。"现在赵亮说自己也没有兴趣和父母聊天，感觉没什么话好说。

周蓝的儿子今年上高中了，"我平时很喜欢和儿子聊天，聊得最多的当然是学习。但现在感觉儿子越来越不愿意听，每次都敷衍了事，有时干脆什么都不说。"周蓝的儿子挺喜欢篮球的，说起篮球眉飞色舞。不过每到这个时候，周蓝就很生气地说："一说学习你就烦，提起篮球你就来精神。"

两代人之间为什么会出现一条无法逾越的沟壑呢？这固然受时代观念的影响，但往往也是由于父母与孩子之间缺乏交流与沟通造成的。做父母的有自己的一套价值观念，孩子有孩子的一套价值观念，而且互相不了解，在这种情况下，怎能不产生矛盾和冲突呢？因此要避免两代人产生代沟的最有效的方法，就是用尊重架起沟通和理解的桥梁。

要尊重孩子，就必须站在孩子立场想问题，这样就等于搭建了一条通向孩子心灵的桥梁，就能够轻松地将孩子那看似封闭的心灵打开，达到有效沟通的目的。

孩子是家庭的重要一员。可是，许多父母在决定一些事情尤其是一些重要的事情时往往把孩子排斥在外。是的，生活中纯粹的大人之间的事没有必要让孩子知道，可是还有很多事是可以让孩子也参与讨论的，尤其是涉及孩子的某项决定时。不要以为孩子小，什么也不懂。更不要以为孩子是你的，你就可以随便帮他做出决定。

事实上，只要是家庭的成员，即使年龄再小，也是一个人，也有权知道关于自己以及家里的事情，有权参与家庭事件的讨论与决定。如此可以营造一种良好的家庭氛围，这样的氛围才有利于孩子的正常成长。

批评也要顾及孩子的面子

爱面子，不仅大人如此，孩子也有面子，也同样爱面子。不少孩子为自己丢了面子而感到“耻辱”，甚至比大人还要不能忍受。

常有些父母因为孩子无意间犯下错误，或是偶尔提出无理要求，而在大庭广众之下严厉地训斥孩子，甚至责令孩子当场认错。孩了要么在倔强沉默中固执己见，要么不停哭泣也不情愿认错。

这里需要提醒各位父母的是，童年的教育会影响人的一生。教育孩子切莫忘了爱、尊重和严格要求相结合的原则。要尊重孩子，就要尊重孩子的年龄特点、尊重孩子的认知水平、尊重孩子的心理发展需要。指责、批评、处罚孩子，无论何时何地，都别忘了注意方式、技巧和时机——给孩子留点儿面子。

当孩子犯错误时，父母的批评指责是有必要的。但如果一味地大声训斥，甚至体罚，只会收效甚微甚至会适得其反。心理学家指出，如果责备孩子讲究艺术性，教育效果会好得多，具体有以下几种切实可行的方式：

（1）给孩子讲道理

给犯了错的孩子讲道理可以用暗示的方法。因为直接责备孩子，容易遭到孩子的抵制，你不妨讲点儿策略，用责备他人的相同过错来暗示孩子。那个“他人”最好是孩子所熟悉的故事、电视中的角色。孩子犯了错，如果家长能心平气和、借彼喻此地启发孩子，就能使孩子很快明白你的用意，乐意接受批评和教育，而且他的自尊心也受到了保护。

（2）实行冷处理

冷处理也能达到责备的效果。孩子到了一定年龄段，就能够分辨简单的是非、善恶、真假、美丑，一旦做错了事，他们心里便会担心被父母责骂，并等待父母的责罚，如果正应了孩子心里所想的，他反而有一种“如释重负”的感觉，对批评及过错也就不以为然了。相反，如果父母以沉默对待，严肃地凝视孩子一会儿，孩子反而会不自在，进而能反省自已的错误。

（3）责备要适时适度

孩子有了缺点错误应及时责备。孩子时间观念一般都较差，刚犯的错一转眼就可能忘了。因此，家长责备孩子要趁热打铁，不可拖拉。研究发现，及时的责备能使孩子把过错和愧疚联系起来，加深对过错的记忆和认识。

给孩子安全感是最起码的尊重

父母是孩子最依赖的人。孩子从出生那天起，就对父母有一种特别的眷恋，特别有一种没有父母就不能生存的潜在不安感。心理学上管它叫“基础不安”。

恐惧是儿童成长发展中普遍存在的一种体验。“某种恐惧感是一定年龄所特有的，每个孩子都经过这个感情发展的正常阶段。”加利福尼亚的儿童治疗医师伊莎贝尔·福克斯如是说。科学上把这种恐惧分为两种：一种是自然的本能反应，即对于各种潜在危险的恐惧；另一种就是神经性的忧虑，即一个人在没有遇到危险的情况下产生的一种无端的甚至没有任何理由的恐惧，但在常人看来却是不足以引起恐惧的情况。而对于年龄很小的孩子来说，最容易产生的就是这种神经性的恐惧。

由于孩子尤其是儿童不具有处理自己思想并解释自己想法的经验，所以成年人应该像尊重自己一样，尊重儿童的恐惧心理。不仅不能恐吓孩子，以免加深孩子的恐惧，还要以正确的方法教育他，使他不至于产生无谓的恐惧心理。

孩子需要教育，但更需要保护，包括身体的和心灵的。在他们犯错的时候，不要一味只想着怎么批评他、怎么惩罚他，而应该想想，这个时候，该怎么保护他。

除此之外，我们还要明白，在任何时候，家都是孩子温暖的港湾，尤其是他在外面受到委屈、挫折、伤害时，父母要为孩子努力营造一个能让孩子最放松、最放心、可以说出所有心里话，并且不会得到任何否定性评价的环境。

尊重孩子的个性差异

自然界没有两条相同的河流，没有两座相同的山峰，也没有两片相同的树叶，更不会有两个相同模样和相同性格的人。所以，我们做家长的有什么必要非得强求自己的孩子要像其他的孩子一样呢？

自从达尔文发现进化论以来，我们大家就知道优胜劣汰是自然界的法则。然而，在自然界还有一条比“优胜劣汰”更重要的法则，那就是“与众不同”。

教育的成功之道就是要找到孩子的优势，充分地、淋漓尽致地发挥他们的优势，如此才可能助他们走向成功。

孩子的个性是千差万别的。他们的天赋、兴趣、爱好、潜力也是有差异的，尊重孩子的个性其实就是保护孩子的未来。马克思曾说过：全部人类历史的第一个前提无疑是有生命的个人的存在。同样，任何教育的第一前提也是有生命的个人的存在，尊重每一个有生命的个体应是教育的第一要义。

只有尊重差异性，教育才有可能真正去关心人的过去、现在和未来发展的可能性，才有可能走进每个个体的心灵去完成唤醒的工作，才有可能实现不拘一格塑造人才的美好愿望。

父母不必在孩子面前充当权威

著名作家刘墉告诫为人父母者：父母不必在孩子面前扮演权威的角色，因为没有一个人是权威。照照镜子再来教育孩子，不要拿自己做不到的事情来要求孩子。

孩子既不能受条条框框的束缚，也不应受到权威的压抑。在权威压抑环境中成长的孩子，他们精神上就会产生种种缺陷，尤其是孩子的辨别能力就会萎缩。如果没有辨别能力，也就谈不上有独特见解和创新精神。为了培养孩子的辨别能力，使孩子的身心健康成长，我们决不能用不准反驳的权威去压制他们，而应该耐心地顺着情理去疏导他们。

孩子与我们争辩，不要怕丢了父母的面子，不要担心孩子不尊重你，为难你。孩子也是讲道理的。你与孩子争辩，孩子觉得你讲正义、讲道理，他会打心眼里更加爱你、信赖你。你要孩子做的事，他通过争辩弄明白了，他就会心悦诚服地去做。你有难题，孩子参与争辩，也能启发你。这有什么不好呢？

对孩子来说，与父母争辩是一种自信、自立、自尊、自强的表现，是一种心理的宣泄。心理学家说："争执能帮助孩子变得自信和独立，在对抗中他们感觉到自己受到重视，知道怎样才能贯彻自己的意志。"争辩表明孩子在走自己的路，认真思考问题，次数多了，他们会明白父母以及自己并不是样样都正确。这样孩子就能弄清是非曲直，学会估量自己，了解自己的能力，养成实事求是、坚持真理、以理服人、平等公正的好品质，形成良好的人格。

父母允许孩子争辩，还能活跃家庭气氛，在感情交流、思想沟通中，表现了一种亲情和友爱，能够架起一座通向孩子心灵的五彩桥，它能促使孩子体验父母情感的变化，正确对待父母和自己，正确对待所辩论的问题，化解矛盾，获得共识。如果一个孩子从不与人争辩，总是与世无争，那么，他的勇气、进取心、正义感等就值得怀疑了。

当孩子提出问题时，要给予鼓励，并耐心地作答，不欺骗孩子。在教育上，再没有比教给孩子错误的东西更可恶的了，这个错误可能会影响到孩子一生，因为最初的印象往往是最深刻的。所以，在对孩子的教育中，要竭力避免教给孩子那些不合理的和似是而非的知识。在给孩子解答问题时，要尽量做到简单易懂，而且充分考虑到孩子在现有的知识与思维能力下，是否能完全接受。因为父母如果随便给出一个过于深奥的答案，孩子理解不了，就仍然解不开心中的疑团，他们会一直不停地追问下去，很多父母就是这样被问烦的。

不要认为你比孩子懂得多，就有资格在他面前充当权威。当孩子问到你自己也不懂的问题时，你应该对他坦白。假如，孩子问到你天文学方面的问题，你根本就一无所知，那么你就干脆老实地回答说："这个爸爸也不懂。"于是你们两个人就可以一起翻书，或者去图书馆查阅资料，一起把那个问题弄懂。这个时候你应该向孩子表示感谢："如果不是你今天提问，爸爸至今也没弄懂这个问题呢。所以你以后要多多提问，我们一起来学习知识。"在这样的鼓励下，孩子的问题肯定会源源不绝。

在整个教育过程中，我们都应坚持将自己放在与孩子平等的地位上，给孩子灌输不迷信权威、追求真理的精神。

第二章

倾听孩子内心深处的需求

孩子需要自主的空间

现在的孩子长大成人后，回忆起自己童年的生活时，恐怕值得回忆的东西太少了。他们没有上树捉过知了，没有下河逮过泥鳅，也没在田野上嬉过戏，他们有关童年的记忆是没有质感的、苍白的。多彩的童年是一个人梦想的宝库，没有激情奔放的人生梦想，没有穿透时空的深刻思想，怎能拥有丰富的人生？色彩单调的童年必将成为孩子们长大后永远的失落和隐痛！

一个个天真的孩子，从上幼儿园起，就开始背诵唐诗、学习简单算术，等到上了小学、初中、高中，成堆的书本等着一个个稚嫩的肩膀去扛，尽管有“素质教育”为其“减负”，但又有几个孩子得到了真正的“减负”？况且，别人都在为分数而拼搏，唯独你在实实在在地搞“减负”，不管你是学生还是教师，不被淘汰才怪呢。于是，可怜的孩子只有在书山题海中艰难地前行。

我们需要正视的问题是：现在的孩子，除了学习之外，还有多少他们自由活动的空间？现在学校大搞素质教育，所以孩子可以自主地支配自己的课余时间去做他们想做的游戏了吗？他们可以尽情地、开心地在游戏中用自己的童心去感受周围的世界了吗？恰恰相反，绝大多数的孩子没有感受到课余时间增多对他们的好处，他们反而更累了。问题出在哪里呢？

事实上，在我们的周围，看到的、听到的都是“学校减负，家长加负”。孩子们苦不堪言。

我们做家长的必须明确的是，未来的社会，“知识+能力”的人才必将成为世界的主宰，所以，孩子需要的是全面发展。

一是需要健康的人生。孩子的成长需要供应充足的、健康的精神食粮。要通过多种途径为孩子提供为人之道，自立能力是孩子的必选课。

二是需要全面的知识。知识的获取不但有书本的，还有自然的、社会的、实践的等各种途径。我们应注意培养孩子通过各种途径自我汲取知识的能力，鼓励他们不要光啃书本，还要学会向社会、向自然、向实践要知识。

三是允许孩子向多方面发展。世界本来就是多姿多彩的，“三百六十行，行行出状元”，不要过多地限制孩子的爱好，不要让孩子按照我们的意志去发展。

让孩子自主发展

“望子成龙，望女成凤”是天下父母一生的期盼和希冀，但好的父母不当“独裁者”，他们应成为理性的有耐心的教育家，用不带功利的真爱，用宽广的胸怀，用心灵深处的温暖，潜移默化影响孩子，引导孩子，让孩子自由自在地成长成才！

试想，让孩子参加这样那样的兴趣班，是孩子们喜欢做的吗？如果那是孩了喜欢的，是他的兴趣爱好，大可鼓励孩子参加；如果那只是父母在不了解自己孩子的兴趣爱好的情况下，根据自己的意愿强加给孩子的事情，那不但浪费了孩子宝贵的时光和家长的金钱，还会收效甚微，甚至严重地打击孩子的积极性和自信心。

孩子是有个性的、独立的人。家长培养孩子首先要发现孩子的特长与爱好，不要学“泥人张”，要学“根雕家”。根雕家的艺术原则是发现、尊重根形的特点，然后经过艺术加工，使其特点更为突出，更为生动，最后成为精品。

孩子需要保护和关爱，但更需要发展的空间。父母在给孩子爱的同时，千万别忘了给孩子发展的机会，要多给他们自行选择和决定自己事情的机会，让他们看到正确的结果，帮助他们发现自己对周围环境所起的作用，并由此认识到自己的重要性。

给孩子独立的心灵空间

很多父母对孩子疼爱有加，“含在嘴里怕化了，捧在手里怕碎了”，认定全面照顾孩子是自己义不容辞的责任，对孩子的生活事必躬亲、全权负责，就连孩子的小小内心世界也不会忽视。这些做法也无可厚非，但如果关心到连孩子一点儿心灵空间都不留的话，那这种关心就容易变成对孩子的一种伤害。

听听孩子是怎么说的：“我感到自己在家里就像个犯人一样，一天到晚要汇报、请示，没有一点儿自由。虽然我也知道妈妈是关心我，但我已经是个大孩子了，她还是这么不放心我，我真是有点儿受不了。”

再听听专家的话：“孩子长大了，开始有了自尊心和自我意识，有了独立的愿望，希望能够自己管理自己的生活，独立思考自己面临的一些问题。”

比如处在青春期的少男少女，总爱在自己的抽屉上上个锁，似乎有什么秘密。其实这是一种正常的心理，它体现了一种独立意识和自尊意识，宣告他（她）已成长为一个拥有个人行为秘密的成人，不再像童年时期那样，心里有什么心里话都愿意向父母倾诉。这个隐秘世界是孩子自由个性的集中体现，是包括父母在内的其他人再不可随意进入自己内心世界的警戒线。毫无疑问，保护孩子的隐秘世界是对孩子的尊重，父母也会因此赢得孩子的敬重和爱戴。

给孩子充分的玩耍时间

“玩耍是孩子的天性。”这句话包含着这样的意思：如果不尊重孩子的天性，就会限制孩子的发展，就会受到规律的惩罚。有哲人说过：“小孩子不玩是长不大的，只有让他去玩，也才能健康地成长。”

但在许多家长的眼里，孩子之间的谈谈笑笑、追追打打、玩玩乐乐，被看成是浪费时间的事情。其实，玩耍以及做游戏是孩子成长过程中必须经历的事情，这些看似浪费时间的事情，对孩子的人际情感、道德情感、自控情感、性格情感的发育以及智力、生理发育都有不可缺少的作用和意义。

老舍先生特别重视儿童的天真，认为这是天下最可贵的，万万不可扼杀。他主张儿童“宜多玩耍”，最害怕看见“小大人”“小老头”和“少年老成”。玩是沟通孩子的幻想世界和现实世界的桥梁，也是孩子想象力发育的摇篮。在玩耍、做游戏的过程中，孩子的想象力、创造力可以得到极大的发展。

但家长不让孩子玩，取而代之的是一堆堆的练习和这样那样的补习班、兴趣班，这不是在扼杀孩子的天性吗？这样孩子能安心地去整天苦读、做功课吗？这样能培养出孩子好的学习习惯吗？

在孩子的生活当中，很多事物都会使他们感兴趣，很多事都会成为他们最好的游戏。下雪的时候，孩子去堆雪人；下雨时，他们会去挖沟渠。他们还会用泥沙和石块建造神秘的城堡，用积雪做雪墙、雪老虎，似像非像，妙趣横生。孩子冻僵了手，冻麻了腿，但仍然乐此不疲，如痴如醉。

孩子的各种能力就是这样从小培养出来的。有人认为像创造力这样的东西应该在孩子长大后才会有，这完全是谬论。其实，当一个孩子开始懂得玩耍时，他的创造力就已经开始了。

给孩子适当的交友空间

成年人都有一种体会：每当回忆起童年生活都非常兴奋，对儿时的朋友感到特别亲密。和别人聊起童年生活来，赞不绝口，说起与童年朋友一起干的各种趣事，如数家珍。如果儿时的朋友要聚会，只要时间允许，有请必到；儿时的朋友需要帮助，立即行动，当仁不让。我们的经历告诉我们：孩子需要朋友。

独生子女缺乏伙伴是一个需要认真关注的问题。这不单单是表现在大多数家庭只有一个孩子，没有兄弟姐妹而造成的孤独感，更主要的是由于是独生子女，家长“少而精”的意识作祟，对孩子十分重视、百般呵护，不敢放手让他们与人交往，不愿让孩子脱离自己的视力范围，不给孩子更多的接触社会的机会，无形中缩小了孩子的活动空间，缩小了孩子的交友范围，人为地封闭了孩子本该躁动的心。

事实上，人际交往是人的需要，也是孩子社会化的重要途径。孩子的交往活动，首先发生在家庭中，主要是与父母及其他长辈的交往。但是，随着孩子渐渐长大，他们开始与老师、同学、伙伴交往。在各类交往中，孩子们与同龄伙伴的交往尤其重要，他们也因此有了自己的朋友。

当然，家长对孩子的交往也应积极地监控。由于孩子年龄较小，自制自控的能力较低，因此积极监控孩子的交往状况、预防同伴交往带来的不良影响是必要的。“近朱者赤，近墨者黑”，父母应经常和孩子讨论择友的标准与注意事项，以促进孩子恰当选择交往的对象。

让孩子适度面对生活中的风雨

教育不是说出来的，是做出来的，实践出真知，实践是检验真理的唯一标准。只有亲身经历过，孩子才能从中获得切身的体会，使之真正成为自己的经验。

从生活与教育的关系上看，著名教育家陶行知先生认为，生活决定教育；从效力上看，教育要通过生活才能发出力量而成为真正的教育，即：生活教育化，教育生活化。这就指出了家庭教育的根本目的：引导孩子过健康的生活、劳动的生活、科学的生活、艺术的生活、改造社会的生活，就是运用生活的力量来改造生活。

这就要求我们家长必须给孩子体验生活的空间。在体验教育上，中西方的教育方法存在着很大的差异。一些中国的家长对孩子过于关心，他们生怕孩子吃苦，愿意为孩子付出一切，但是他们没有意识到，犯了错误之后获得的记忆更为强烈，感受也更为深刻。让孩子自己去体验，是一种最见成效的教育方法。

孩子不但需要体验成功，更需要体验挫折，外国人常说，“我们希望孩子有犯错的机会”“他小时候犯错不伤脾胃，长大再犯错那就麻烦了”。这也就是我们所提倡的挫折教育。

最近提倡的一种新型的教育方式——逆向关怀，其实就是挫折教育的一种形式。逆向关怀一词来源于动物保护：美国阿拉斯加国家动物园的鹿苑里，鹿群因既不必为觅食而发愁，也不必为逃避敌害而穷于奔跑，因而很快就繁殖起来。然而在一度兴旺之后，病弱残疾者与日俱增，最后鹿竟然快死光了。当地政府曾不惜斥巨资予以挽救，可惜一概无效。后来一位聪明的管理人员建议，把几只凶残的恶狼引进鹿苑，迫使鹿群为逃避狼害而重新拼命奔跑，从而使得留下来的鹿群体质日益健壮。后来，人们把这种奇特的动物保护方式称为“逆向关怀”。

如今的青少年也需要逆向关怀。优裕的生活已经使很多孩子患上了现代懒惰症，消磨了孩子的意志，扼杀了他们的奋斗精神，长此以往，孩子岂不是坐失适应能力、生存能力，怎能不变成脆弱的一代?

第三章

做善于夸奖的父母

不必强求孩子成为最优秀的

在日常生活中，我们也经常会听到一些父母对自己的孩子说这样的话：“看人家小朋友多有礼貌，你为什么就不爱讲话？”“看人家小朋友画得多好，你怎么画得什么也不像！”“看人家小朋友多干净，你怎么就不讲卫生？”

任何人承受压力的能力都是有限的，孩子们实际上还很脆弱，父母的火上浇油很容易使得孩子的压力过大，从而给孩子造成伤害。因此，父母发现孩子的缺点和不足后，不要不分时间场合地胡乱指责一番，而是要客观分析产生的原因，努力寻找有针对性的解决办法，帮助孩子一步步地改正。

每个人都有优点，也有缺点，孩子也是一样。父母由于天天跟孩子生活在一起，眼中看到的似乎总是孩子的缺点，而忽视了他们的优点。

在现实生活中，父母经常会把自己孩子的短处和别人家孩子的长处相比，甚至把别的孩子过度地美化和夸张，本想给自己的孩子树立榜样，其实却给孩子带来了巨大的伤害，甚至会因此影响孩子的一生。

每一个孩子都有他的长处和优点，虽然孩子的天资有别，学习事物有快有慢，学习成绩也有高有低，但判断一个孩子的好坏，不能只取决于一个方面。

作为家长，不能只凭长相、成绩等某一个方面就认定自己的孩子不如别人、没有出息，而是应该善于发现他们的优点，发现他们与众不同的地方，要始终相信自己的孩子是优秀的，要把赞美留给自己的孩子，让他们在你的赞美声中继续发扬自己的优点和长处。

不管是什么样的孩子，被尊重是他们与生俱来不可剥夺的权利，孩子成绩好也罢、成绩差也罢，家长都应当给予尊重、信任和理解。这样的爱才有力量，才能使孩子的心灵得到舒展，才能让孩子得到努力上进的动力、信心和勇气。当你认为孩子让你失望、孩子不争气的时候，不要忙着责备、忙着施加压力。请记住，他们更需要的是理解、指点和帮助。

你的孩子是独一无二的，他的种种毛病就像他的可爱之处一样必不可少，有些甚至将伴其终生。请你将他的缺点连同他的可爱一起接受，这没有选择，就像孩子在接受咱们作为家长时一样，毫无选择!

不必强求孩子成为最优秀的，而是要会因材施教，只有这样才会让孩子创造出更适合他自己的人生，成为一个快乐的人。

站在孩子的立场上看问题

孩子是按照父母的模式生活成长，还是按照他们的天性成长，这是父母面临的最大的困惑。作为父母，你需要发现孩子的天性，帮助孩子按照他独有的、与生俱来的方式成长。然而按照每个孩子的天性养育他，并不像听起来那么容易。当孩子的某些独特倾向触怒父母时，父母会努力扼杀孩子的那个独特倾向，并试图以他们看重的品质来取代。他们尽力把孩子塑造成自己希望的模样。然而他们还是忘记了孩子与他们是不同的。

什么是孩子的天性？是饿了吃，困了睡，不舒服了哭吗？这些自然都是，可是更重要的是他们具有与生俱来的自由天性。

孩子心里自有一个世界，这个世界十分奇特，与成人的世界是大相径庭的。孩子3岁以后，就是一个有自我意识的独立发展的人。孩子出生后，每天都在从一个自然的人向一个自为的人发展变化着。他们对这个世界充满了好奇，他们天生就有一种贴近和探索这个世界的愿望，他们的行为不受任何约束。他们的想法是：他们来到这个世界，这个世界就是他们的了。在这样一种儿童心理的支配下，他们才会不断地与这个世界发生碰撞，而最先遇到的就是他们亲爱的爸爸妈妈。

如果你站在成人的立场，用成人的思维方式给孩子分析问题，指明方向，告诉他们应该怎样去做，就会使孩子怯于自己去体验。

如果你坚持认为自己的知识渊博，滔滔不绝地给孩子灌输知识，不失时机地纠正孩子的错误，你就限制了孩子自己去积累知识的机会。

你事事做主，认为孩子什么也做不了，就会严重地打击孩子的积极性，使孩子丧失自信心。

孩子真正需要什么呢?

生活对他们来说，是一片没有开垦的处女地，他们需要的就是一股拓荒者的勇气和自信心，而不是恐惧和畏缩；他们需要的是天性受到鼓励，而不是受打击。

因此，你需要换一个角度，扔掉你身上的“成人主义”。让我们学会对孩子说：“你能做好第一次，就一定能做好第二次。”这样，你的孩子就会给你意外的惊喜。

挖掘孩子的特质

留意孩子天生的特质，并适时地给予肯定，等于帮助孩子建立自信。

根据加登纳的多元智力理论，每一个正常的孩子都具有七种智力，或者说具有这七个方面的发展潜质。这七种智力分别是语言、数理逻辑、音乐、空间、运动、交往和自省。这七种智力在孩子的身上不同程度组合，构成了他（她）的智力特点。如果给予适当的鼓励，提供良好的环境和正确的指导，每个人都有能力将这几种智能发展到一个相当高的水平。

当然，每个孩子既有自己的优势智力领域，也有弱势智力领域。孩子不应该也不可能是全才，但他一定会有某种能力值得我们赞许和肯定。教育的目的就是发现、发展孩子的智能强项，扬长补短，即以孩子的强项为依托，用强项带动弱项，使之共同发展。

每个孩子都是独一无二的，要了解孩子的潜能需要长期的观察研究。只有在了解孩子的情况下父母才可以做出明智的决定。确认孩子的优势就是确认了孩子的“精神生长点”。称职的父母必须独具慧眼，把握孩子的这一最重要的“精神生长点”。假如父母看不到自己孩子的优势，对孩子失去信心，就容易伤害孩子的自尊心和自信心。

观察孩子“强势智慧”的重要途径是多和孩子在一起，即在无人指导的情况下，看他在做些什么。可以通过观察他与同伴、朋友谈话和讨论问题时的情况来了解；还可以收集孩子活动资料、参考学习成绩等。

当然，在此过程中，家长要做有心人，孩子的点点滴滴都不要放过。此外，家长还应注意观察分析孩子的爱好、个性、特长，加强自身学习，掌握新的科学方法和观察技能，要耐心等待孩子发挥潜力。

同时，我们家长必须明确的是，发现孩子“强势智慧”的目的是充分发挥孩子的能力，培养孩子的兴趣，增强孩子的自信心、自强心。如果期望过高，脱离实际，势必会简单粗暴，使孩子丧失兴趣。

时下，不少家长在家庭教育中融进了太多的功利，往往看到眼前什么行业最吃香就希望将孩子培养成什么人。他们只注重加大某方面的投资而不顾孩子的特长个性。

教育学家普罗塔戈曾经指出：“头脑不是一个要被填满的容器，而是一个需要被点燃的火把，一个人发自内心的动力、爆发力最强。”

好父母总能发现孩子的闪光点

因为他们是孩子，所以他们对世界上的一切都充满了浓厚的兴趣，也敢于去想象、实践一些新鲜的东西。我们这里首先提出的就是要激发孩子的兴趣与创造力。而且这与孩子个性的形成有着很大的关系。

随着年龄的增长、对世界了解的加深，孩子们开始成熟起来，开始有主见起来。这就是一个进步过程，这个过程中的激励是十分有必要的。

进步分大的进步和小的进步。我们绝不能忽略那一点点的进步，正是这一小点儿一小点儿的进步促成了孩子的成熟。孩子昨天问你星星有没有妈妈，你觉得他问得有点儿幼稚可笑。今天他问你星星到底距我们多远，你觉得很正常。但到有一天你的孩子突然告诉你星星分恒星、行星和卫星等，恒星能发光，太阳是太阳系里的唯一一颗恒星时，你是否觉得很突然？如果是，证明你平时没有多注意孩子的一点点的进步。

当你的孩子自己把房间收拾得整整齐齐；当你的孩子做好了饭菜等你回来吃；当你的孩子告诉你今天坐车时他把座位让给了一位老奶奶；当你的孩子说昨天晚上学到12点，终于完成了所有任务……你觉得他那时最期盼的是什么？是你的一句赞扬啊！你这时肯定知道孩子有进步了，开始慢慢长大了。你不会因此而高兴吗？

再次，当孩子具有一定的审美观后，他开始有了对美的追求。他开始讲究穿戴，开始注意发型，开始在异性面前表现自己。这时，外界的环境对孩子的心态影响较大。如果别人说他（她）穿着合身，说他（她）的身材好或发型很酷，表面上他（她）肯定显得挺不好意思的，但内心却很是开心的。当然美不仅仅是外在的，更重要的是内在美。内在美主要是思想素质，包括对祖国的热爱，对父母的孝敬，对别人的尊重，对社会秩序的遵守；热爱劳动，热爱生活等。这些都非一日之功形成的，需要成人的时时指正，并有效地激励他们追求美。

孩子们就像一块未被雕塑的美玉，优秀的父母总能看到这块玉身上的可塑之处，然后把它变成世上最美的玉。

在比较中发现孩子的进步

我们看什么事物都得有个参照物，你才能对其加以判断。“是”是“非”的参照物，“远”是“近”的参照物，“美”是“丑”的参照物。我们激励孩子也同样需要参照物，需要加以比较，才能显出他到底是进步了还是后退了，是成熟了还是一如往日。

我们这里所说的比较中激励孩子主要从三个方面来说：第一，和艺术作品中的孩子或成人进行比较；第二，同现实中的人进行比较；第三，同孩子自己进行比较。

“艺术源于生活”，虽然有其夸张的一面，但亦是脱离不了生活的，艺术品中的人物大多是虚构的。有的近乎完美，有的一无是处。但这并非无法比较。我们可以拿取其中的一个点或一个面就行了。

随着孩子的一天天长大，他们不再问“麻雀知道它们叫麻雀吗？”“电视机吃不吃饭？”这类问题，他们开始问你怎样对待老师、同学，怎样整理好东西，怎样做饭等问题，这说明他们开始懂得要独立生存了。这提问的本身就是值得大加称赞的，你还有理由保持你的“金口不开”吗？

有些家长对孩子要求过高，他们不仅不懂得赞美，反而只会对孩子责备。一个孩子说：“上次我数学考了98分，全班第一，妈妈很高兴。可这次我只考了89分，得了第四名，妈妈狠狠地骂了我一顿。这次题本来就比较难嘛！再说我也不可能保证次次考第一吧。”这位妈妈就陷入了教育孩子的误区，没有用比较激励法。只看到孩子分数、名次的稍微下降，没注意孩子思维等素质的提高，打击了孩子的自尊心。

总之，在比较中你会发现孩子的进步，也可以根据孩子的实际，提出更适当的更高的要求，使孩子更快进步。在比较中激励孩子可以使孩子做得更好，对自己抱有更强的自信心去迎接明天的挑战。

发自内心地予以夸奖

父母发自内心的赞美能够增强孩子的自信。当我们不在他们身边时，陪他们度过严峻考验的将会是这些自信。大方地给孩子赞美吧，因为赞美永远不嫌多，这是孩子发展自我意识的必要支持力量。慷慨的赞美和尊重，真的足以供孩子享用一辈子。

生活在赞美中的孩子，将比他周围的朋友更活泼开朗。受赞美的孩子，会感到备受尊重，进而能激起他们内在的自我价值和尊严感。每个孩子都该得到这种感觉，这是我们为人父母者的责任。

如果父母没有发自内心，那么，所有的赞扬都是虚伪的，孩子会觉得父母是假惺惺的，赞扬的目的就不可能达到。

实际上，每一个孩子都是有优点的，只要父母真正从内心去赏识孩子，每一个孩子都是值得父母自豪的。

由此可见，赏识孩子应该发自内心，从孩子本身出发，不要把孩子与别的孩子做盲目的比较，尤其不要把自己孩子的短处和别人孩子的长处相比，而应该看到自己孩子的长处，看到自己孩子的进步，让孩子活出属于自己的精彩。

不管孩子是否优秀，做父母的都应该以平常心对待孩子。只有把孩子当作一个平凡的人，当你在发现孩子的优点和长处时，你才可能发自内心地去赏识他。

当你发自内心地赏识孩子的时候，一定要认真地注视着孩子，温和地对孩子说：“孩子，你真棒！”让小小的他感觉到你的无限真诚！

夸奖孩子一定要及时

孩子做了好事或有了进步，最好当时就给予其夸奖和鼓励，这样孩子的荣誉感和成就感就会及时得到最大的满足，把后面的事情做得更好。如果孩子取得了成就，你无动于衷或反应迟缓，必然会给他的内心造成不良的影响。

在现实生活中，父母们常常在孩子不需要关心的时候，给了孩子过分的呵护，而当孩子需要父母赞扬和鼓励的时候，却因为怕孩子骄傲而故作冷淡。

每个人都非常希望获得父母的认同。作为孩子，他们通过自己的努力，在学习或者比赛中取得好成绩，这是多么值得父母赏识的事情！这时候，父母应该为孩子感到高兴，应该及时给予热情的赞赏和表扬，让他们感觉到父母为他的出色表现感到骄傲！

事实证明，只有及时赏识和赞扬孩子，才能充分调动孩子的积极性，让他们往更高的目标冲刺。如果是事后很长时间再给予赞扬，那么随着时间的流逝孩子已经不再期待，所以夸与不夸其实已没有多大区别。

当孩子达到了某个既定目标，父母一定要把握机会，及时由衷地赞扬孩子；同时表现出你的喜悦心情，让孩子感受到是他的良好行为表现使父母感到高兴。这是简单而又能产生显著效果的一招，只要坚持去做，必有喜人的收获。

有时候，孩子需要的不仅仅是父母一句赞扬的话，他们也需要得到父母的重视和关心。如果父母没有对孩子的成绩表示出及时的关注，会让孩子感到失望，而这种失望很可能会让他们失去继续努力的动力。

当看到孩子打扫房间时，应该及时称赞他：“你真能干，家里干净多了。”当看到孩子画了一幅画，应该及时称赞他：“画得真棒，很有想象力。”相信这些及时的赞扬会让孩子更加快乐和自信。

不要给孩子设立需要很长时间才能达到的目标。孩子的意志力和耐力都是有限的，他们很可能会因为等待时间过长而放弃努力。因此，应该多给孩子设立一些短期的目标，一旦孩子达到目标或取得进步，就及时赞扬他。

及时夸奖孩子，能表现出家长对孩子的真心赏识和热切期望，还能传递给孩子一种强大的精神力量。这种力量不仅可以让孩子更加努力和自信，而且会促进孩子健康快乐地成长。

夸奖孩子的每一个微小的进步

应该珍视孩子的每一个微小的进步。在孩子看来，只要自己取得一点点进步，父母就应该是和自己一样高兴的。可是有的父母不会站在孩子的角度看问题，总是用自己的标准要求孩子，因而孩子很多时候很难达到父母的要求。这样一来，孩子就很难看见自己的进步，就会产生自己没有用的想法，从而丧失了前进的动力。

因此，随时都要看到孩子的每一个微小的进步，尤其是在孩子表现不好或者成效不明显的时候，不要打击孩子的信心和积极性，而是应该善于发现孩子哪怕是一点点的进步，对孩子的表现给予宽容，对孩子的进步给予赏识，这将会让孩子建立或者重新建立做好事情的勇气和信心。

发现并赏识孩子的每一个微小的进步，不仅影响到孩子学习和做事的效果，而且还会影响到孩子对学习和做事的态度。我们发现，孩子喜欢某一门课程，很多时候是因为放学回家后有人愿意了解他们的学习情况，并肯定他们的微小进步。有的孩子说：“我喜欢音乐课，因为回家后可以唱歌给爸爸妈妈听，他们可喜欢听了。”也有的说：“我喜欢数学课，因为回家后算数经常得到妈妈的赞扬。”如果我们对孩子的进步不听、不看、不肯定、不赞扬，孩子的学习态度肯定会受到打击。

作为家长，应当坚持不断地为孩子的每一个微小进步加油，经常地对孩子说一声：“你比以前进步多了，继续努力，你一定会成为最好的。”

用小目标鼓舞孩子

赏识孩子不仅要善于发现孩子的优点和长处，帮助孩子设置恰当的奋斗目标，而且要善于将目标分解为阶段性的可实现的目标，以保持孩子的信心。

不要认为赏识一定要怎样夸奖孩子，针对孩子的实际情况，为孩子设定一个“够得着”的小目标，这本身就是一种有效的赏识，而且这种情况下的赏识不会产生“副作用”。

设定一个合适的目标，“跳一跳，够得着”是很好的形容。如果孩子不需要跳起来就够得着，或者怎么跳都够不着，那就失去了目标的意义。

那么，父母应该如何为孩子设定目标来引导孩子呢？

父母应该对孩子的能力和现实条件有一个正确认识和把握，切忌急于求成，如果父母对孩子的情况把握不准，最好与孩子的老师商量后再做决定。

给孩子设定的目标最好是一个只要努力就一定能够实现的，这样可增强孩子的自信心，然后再逐步引导孩子向更高的目标进军。在目标设定时还应该和孩子一起商量，这样不仅能听取孩子的意见，也能使孩子对目标更有积极性。

但有时的情况是，即使给孩子制订了目标，孩子自己也很感兴趣，可是时间稍微一长，孩子却可能把自己应该做的给忘了。怎么办？

这就需要强化孩子的目标意识，让这个目标在孩子心中扎根。比如可以把目标写在墙上或者床头比较显眼的地方，最好用彩色的纸，这样容易被孩子看见，时刻给孩子以提醒。如果目标有一定的时间限度，那么再给孩子一本“目标日历”，目标应该完成的那一天要显著地标出来。

在小目标达成后给予孩子适当的奖励。比如，在目标达成那天的晚餐时，给孩子的座位上放一个好看的垫子，让孩子在晚饭前“致词”，全家人表示庆贺。或者看电影，打电脑游戏，或者去饭店吃饭等等，让孩子选择一件他自己喜欢做的事。

用目标引导孩子，当孩子向着目标努力时，老师和家长要善于发现孩子的每一个进步，并且加以赞赏，加以鼓励，加以强化。进步可能是细微的，那么我们就使用放大镜。让孩子自己相信“我也能成为好孩子”，而且让这种思想成为一种定式，化为一股前进的动力。

第四章

对孩子的优秀品质真心赞赏

欣赏孩子的天赋

美国加州医学院贝格尔教授认为：人的智慧潜能是无法测量的。发现是激发孩子智慧潜能的重要一步。那么，孩子天生有哪些潜在能力呢？对于儿童来说，只靠智力测验来断定是否有天赋，是否天资聪明是不十分可靠的。

贝格尔教授告诉我们，观察孩子的潜能，不妨从以下几个方面观察：

（1）走路早的孩子聪慧

走路本身就是对婴儿大脑发育良好的刺激，所以，孩子小时候应让他多走路，不要整天背着抱着。

（2）说话早的孩子反应敏捷

说话早说明孩子大脑神经回路即大脑细胞之间有广泛的联

系。说话早能学到比一般孩子更多的词汇，能运用大量的词汇表达复杂的意思。有的孩子3岁时能认数百个单词，简短的文字能念下来，并且对图画感兴趣，能在充分的时间里对一个问题集中注意。这类孩子大都口齿伶俐，语言流畅，思维清晰，理解能力强。

（3）对外界事物表现出广泛兴趣的孩子有天赋

这类孩子常常对事物表现出强烈的好奇心，并喜欢刨根问底，很早就表现出旺盛的求知欲和对学习的兴趣。随着年龄增长，在正确的教育方法引导下，孩子的知识不断增多，眼界日益开阔，兴趣逐渐广泛，从被外界事物吸引，进而表现出对一些事物的主动性、倾向性和不舍的追求，如爱画画的孩子，见什么都想画下来，听母亲讲故事，画故事情节，听音乐又去画对音乐的感受等等。

（4）记忆力强的孩子聪慧

这类孩子的记忆广度和深度都超过一般儿童的水平，并且记的时间很长。学习速度快，轻松自如，能够迅速地记住幼儿园教师和母亲的要求。

（5）对某种事物表现出高度注意力的孩子有天赋

能够很快地发现问题，注意细枝末节。有的孩子对别的事物漫不经心，而对某一事物则表现出浓厚的兴趣，并去专注学习。

（6）活泼可爱、体力充沛、健康状况优于常人的孩子聪明

这类孩子与父母、朋友相处比一般人更融洽，在日常生活中

情绪比较稳定，有独立生活能力，有很强的进取心、自信心。

希望父母平时注意观察您的孩子有哪些天赋，并充分地利用孩子的这些潜在天赋进行适时的开发、培养和教育，但不要拔苗助长，要让其自然地发展进步。事实说明，“仙丹妙药”不如“改善体质”。

为人父母者在教养孩子时，不要抱着能找到什么“仙丹”可以马上见效的想法，重要的是要针对孩子的气质、才智及性格来教育，孩子才可能发挥潜能，达到最佳的状态。

赞赏孩子的玩耍能力

玩儿，它是人类共有的天性。我们常说的娱乐、休闲、旅游都是玩儿的表现形式。对幼儿而言，玩儿就是其生活的主体。他们这样并不是浪费生命，而恰恰是在创造生命的价值，因为他们是从游戏中学习和发展的，即从玩儿中学。

起码我们现在可以知道，游戏对于孩子的思维、动作与创造性的提高有三大好处：

玩儿能促进自由思维的发展。我们知道，人的思维与电脑不同，电脑的思维基本是一种预先制定好的、规则的线性思维。而人的思维并不总是线性的，更多的是一种非线性的创造性思维。这种创新来源于人自身所接触的信息的多少及它的关联程度，同时，也依赖人类身体自由的神经连接水平。这两者都与身体自由的活动能力有关，尤其对婴幼儿来说更是如此。因为身体活动使他们能获得直接的感知，增加信息感受量。同时，活动机会的增加也促进了神经系统自身的发育，二者相辅相成。这样，儿童对外部世界的感受能力也随着游戏机会的增加而增强，思维的自由度也随之而扩大，自然，思维质量就会提高。

玩儿是婴幼儿动作发展的重要途径。婴幼儿的动作发展，除了依照遗传密码而发展和成熟之外，还需要动作的训练。训练的方式是多种多样的，但游戏是其中一个主要的途径。尤其对于精细动作而言更是如此。游戏可以通过类似娱乐的方式促进其动作的发展，比如积木游戏、运动游戏等。由此可见，不论是精细动作还是大动作的发展，游戏都是其中一个重要的方法。

思维的自由度和创造性得益于游戏时动作的精确化和系列化。运动生理学和心理学的研究表明了上述观点。真正出色的运动员，不仅需要长期持久的训练，还需要思维发展达到很高的水平，善于用脑来处理或控制自身动作与外部环境的协调，善于把握运动的各个环节的连接、变化，并力求创新。由此看来，动作的准确程度和创新水平往往是运动者思维水平的一种表现，科学家发现，如果小孩动作水平很高，尤其精细动作方面表现良好，那么可以预见小孩在思维水平上将达到较高的水平，相反则思维水平一般。

赏识孩子的自我管理能力

小张夫妇10岁的儿子扬扬又得了满分，儿子平时勤奋好学，又好动脑，速算、抢答题都是他最先做完，那些思考题、作文也是班上做得最好的。

当人们让小张夫妇介绍一下他们是怎样教育自己的儿子时，他们是这样说的：我们从来不管儿子的作业，也从不看着他学习。从儿子上学之前，我们就开始给他灌输一种观念——学习只是他自己的事，将来就算是有出息也是他自己的事。我们一直在给儿子讲这一道理，几年来，我们都把责任还给了他自己，同时我们也把自由还给了他自己。我们的儿子每天的作业基本上都是在学校里完成的，即使是作业多做不完，他回家后的第一件事也是做完作业。我们要求他每晚8点半之前睡觉，有一次他贪玩结果忘了做作业，到睡觉时才想起，我们却告诉他，作业没完成是你自己的事，只有等着明天挨老师的批评吧，现在是睡觉时间，你一定要上床去睡觉。从那以后，儿子就真的再也没有耽误过他的学业。

事实的确如此。正是由于小张夫妇平时不管孩子，实行“无为”而治，才使得自己的孩子有了许多的自由，也使他产生了许多自己的兴趣与爱好。没有家庭作业的时候，儿子会一边查字典一边读安徒生童话、格林童话、伊索寓言和其他的一些有趣的故事，有时家长问他为什么爱读这些书，他就告诉家长说因为他的同学们都爱听他讲故事。小张夫妇的儿子还爱画漫画，他把家长、亲人、老师、同学都画到他的画里，他说这样是很有趣好玩的。家长过生日时，他送给母亲一张他自己画的漫画作为生日礼物，那张画面上他画了一个小老虎，用头顶着一本厚厚的书，然后递到一头戴着眼镜的大牛面前。儿子跟母亲解释说："我是虎，你是牛，你平时爱看书，所以我送给你一本厚厚的书。"

小张夫妇的儿子是自由的。家长告诉他，做儿子的是可以跟自己的家长讲理的，每当他做错了事，家长从来不打骂他，而只是与他讲道理，一直到他自己明白是自己做错了为止。

家长也从不因为考试成绩好而去奖励儿子，因为他们要让儿子明白，学习的好坏其实是他自己的事，既然学习是自己的事，那又凭什么要家长给他奖励呢？

家长应该把"望子成龙"的心情改为"让子成龙"的心态。给孩子创造一个良好的环境，同时给孩子树立一个比较好的榜样，让孩子能有更多选择的自由，也让孩子有更多的责任感，设法去激发孩子的"成龙"热情，激发孩子的潜在的创造力和学习欲望，让孩子自己去渴望成龙，这样一来，孩子才能真正成为一条"龙"。

赞赏孩子的冒险精神

2岁半的保罗总是喜欢闯祸，而且又很固执，什么事都想管一管，可怎么也管不好。这可和2岁时好脾气的保罗相差得太远了。保罗的爸爸曾经认真地学习过看护孩子，可还是被保罗弄得晕头转向的，整日不得安宁。

现在保罗白天可不大愿意待在院子里，他要爸爸带他出去玩。父亲也知道，这一时期的保罗特别喜欢新事物，不如带他去看看外面的世界，也好增长见识。在一个天气晴朗的周末，按计划全家四口人到郊外去野餐。大儿子迈克异常兴奋，早早准备好，等着出发。保罗更是乐得直在地板上打了好几个滚。这天上午，他们开着车，带了一些野餐的工具和食品出发了。

他们选择了一个宁静的、靠着河边的小草坪坐下，就开始准备午餐。这时最忙的不是妈妈而是保罗。他一会儿跟着迈克去打水，而且非得自己拿一个壶。迈克把水倒到小锅里时，保罗自然当仁不让，倒他自己拿的那一壶，结果把刚点着的火给扑灭了。气得父亲直摇头，哼了一声："哪来的灭火专家？"保罗反问了一句："爸爸，灭火专家在哪儿？"说着四处张望，寻找灭火专家。

吃过午饭，保罗开始进行现场指挥，叫爸爸去洗锅，妈妈去倒垃圾，叫迈克给他拿自己的玩具枪。迈克自然不干，结果保罗在那里大闹一场，最后迈克在爸爸的"威胁"之下恶狠狠地把小玩具枪塞到保罗的怀里，保罗立即破涕为笑，玩起他的枪来了。

爸爸与迈克一起到河边去钓鱼了，妈妈和保罗在河边散步。保罗刚开始还是牵着妈妈的手，后来，他不知被什么吸引住了，渐渐地落在妈妈的后面，独自去看个究竟。直到听到保罗叫了一声："妈妈，快来看！黄蝴蝶！"妈妈才意识到保罗离她都有6米远了。不过她也不着急，毕竟这距离还算比较安全，在她的控制范围之内。况且看到他神采飞扬的样子，妈妈的心里也多了些安慰：保罗长大了。于是她回过头去，和保罗去寻找那黄蝴蝶去了。

过了一阵子，迈克和爸爸钓鱼回来了，还真有不小的收获，保罗一看水桶里有活蹦乱跳的鱼，又兴奋起来了，非得伸手去抓弄一阵。幸亏有一条鱼来了个鲤鱼打挺，他才害怕地放手。

冒险，是儿童的天性。

美国政府曾经颁布过一次法令，要求所有对儿童开放的公园都不能禁止儿童触摸，否则将受法律制裁。在保罗这个年龄的儿童看来，世界对他们来说实在是太新奇了，在这之前，他们还基本上待在房间里，最多也就是在院子的附近逗留一会儿而已，而现在他们能很稳地走路，而且可以不像以前一样那么关注自己的脚能否走稳。事实上，他们很少关注这些细枝末节，虽然也偶尔跌跤。如果父母在这个时期很少让孩子到外面去玩，那孩子的脾气会很容易变得固执。不过，在这个阶段，儿童的固执几乎成为一个显著的特征，因为他们希望表现自己的能力，他们还习惯于命令别人按照他们的意志去行事，比如保罗叫爸爸去洗碗，妈妈想代劳的话，多半会是以失败而告终。

去郊外玩，那可是这个时期儿童最热切期望的。这个时期，儿童对每一样事都感到好奇，他们非得亲自去尝试着接触、感觉。如果你全神贯注于聊天，你会发现，即使是你慢悠悠地散步，也会很快地把孩子抛在后面，如果恰好是在人多或者树丛较多的地方，你可得费一番功夫才会找到他。而此时，他正在摆弄着开着小花的小树枝或者趴在地上看小蚂蚁搬家呢。所以说，这个时期的儿童最容易走失。不过，细心的父母也会发现，只要在你们的视线以内，一般儿童是不慌不忙的，而如果离开了你们的视线，儿童一旦意识到了这一点，他们会大声地哭着喊："妈妈在哪里，妈妈快来！"一旦他们有什么新发现，他们也会喊父母和他们一起分享。如果这个时候能对他们进行一些自然常识的教育，会给他们更多的信心，他们还会问一些你意想不到的问题。而如果你不愿意与他们分享这份浪漫的发现，久而久之，他们也会兴趣大减，好奇心消退，对他们今后的发展势必造成不良影响。

所以，你如果是宽容的父母，对孩子就应该"放任"一些，给他们自由活动的空间，适时给与一定的教育引导。让孩子按照天性自由地成长，那他们的世界里就会充满欢笑，你的生活里也会充满阳光。

赏识孩子的兴趣爱好

曾帅从3岁开始就是个故事迷，每晚睡觉前总要缠着妈妈给他讲故事，枕着一个个童话、一首首儿歌才能入睡。妈妈给他讲了一年故事后，便鼓励他讲故事给妈妈听。起初，让他把之前听过的故事再讲一遍，不完整的地方，就由妈妈来补上，由此加深他对故事的记忆和对情节的把握。渐渐地，妈妈开始培养他自己编故事或儿歌，有意识地开发他稚嫩而独特的想象力。如今，6岁的曾帅已经成了能编会讲的故事大王，故事可以随时就讲，儿歌更是可以张口就来。

为了进一步调动儿子创作故事的兴趣和积极性，妈妈采取了给他发稿费的办法。只要是他自己独立创作的故事、儿歌，经妈妈认可后，每个故事、儿歌发给他1块钱的稿费，而且当场兑现。他所挣的稿费，完全由自己保管，自由支配。为此，妈妈有意“克扣”他的零花钱，在他想买东西的时候，就鼓励他自己挣“稿费”去买。

这样的方法大大地激发了孩子的创作热情，小家伙开动脑瓜，积极主动地想故事、自编儿歌。每天晚上，妈妈用一个小时的时间，听他的作品，一旦达到“发表”水平，就马上付费，绝不拖欠，这既表明了家长的信用，又使他现场感受到了成功的喜悦。对一些还不够“发表”水准的习作，妈妈会及时给他提出意见；对有基础的作品，妈妈会启发式地为他提供修改建议，直到他修改成熟后，再发稿酬。

久而久之，曾帅编故事、儿歌的能力越来越强，获得的“稿费”也越来越多，有了自己的“存款”。有时，他一天就能编出几十个故事、十几首儿歌来。他用孩子独特的视角和感受，进入一个个童话世界，打开一首首儿歌天地，有时，大人都不得不对他刮目相看。

由此可见，作为家长，以一颗宽容的心赏识孩子的兴趣是多么重要。

赞赏孩子的人际交往能力

现代儿童心理学研究发现，孩子到3岁时就开始想交朋友了，就需要小伙伴了，这就是他们的社会性的萌芽。

一个正在哇哇大哭的孩子，母亲怎么哄他也无济于事，如果这时过来一个小朋友逗他开心，他立即就会破涕为笑，这是因为小伙伴之间容易形成一种“共鸣心理”，他们能相互接受对方的影响。

小伙伴所起的作用是大人代替不了的。这一关系等他们长到5岁时就显得更为重要了，这时他们就会有自己的“游戏集团”和“领袖”了，小伙伴之间的相处，起到了很好的“孩子教育孩子”的作用，他们会在这个小集体里逐渐地了解到自己与他人的区别和联系，他们也开始认识到随心所欲、任性和以自我为中心是肯定无法与其他孩子交往的，他们一定要严格遵守伙伴间的

"法则"，要是谁违背了法则就会被排挤，不受伙伴的欢迎。

这样，他们就会逐渐从"自我"的思想中走出来，学会谦让和互助，也会了解到自己的权利和义务。

小伙伴之间的关系往往都是十分密切的，它不仅满足了孩子的心理发展的需要，而且满足了他们的社会心理的需要。在伙伴交往中，他们发展了一种独立性和社会性，增强了自主能力和社会能力，为他们长大成人、走向社会打下坚实的基础。

父母要做的，就是让孩子独立自主地交往，在人际交往中学会主动、大方和自信。要支持孩子们共同玩耍、一起活动，特别是当自己的孩子和别的孩子发生了争执的时候，更不该感情用事、过早地干预。

赏识孩子的好奇心

有一位作家说：好奇心造就科学家和诗人。满足孩子的好奇心，激发出孩子对好奇内容的兴趣，才是家长应该操心的重点。

天真的孩子对世界的一切都感到新奇，很多孩子都有好奇心。孩子对所听到的、见到的、小手摸到的都觉得很新鲜，这也是一种经验，他们的知识是由不同的经验逐渐积累的。他们对于很多事好奇，因而产生疑问；疑问就是儿童智慧之芽，若大人不让他的疑问得到解决，无形中将会摘掉孩子的智慧之芽，这是很可惜的。

在大多数情况下，孩子的许多"破坏"行为正是他有好奇心的表现。比如，把玩具汽车拆开是因为他想知道汽车里面是什么样的；是什么使汽车转动；如果把轱辘卸下来，汽车会怎样？孩子的头脑中充满了新奇的念头，于是他会毫不犹豫地付诸行动。因此，父母不能轻率地将孩子的某些“违规”行为定性为“破坏”，而应该真诚地弄清楚孩子的意图。

所有成就的背后都有力量在支撑着，那力量来源于人的好奇之心。好奇心本是我们每一个人都拥有的，但是随着岁月的流逝，有多少人还把它视为珍宝？

好奇是孩子的天性，在好奇心的驱使下，孩子逐渐走出母亲的怀抱，把玩触手可及的任何物体，不知疲倦地进行探究。在这个过程中，儿童获得了对外界的最直接经验，认识到客观世界的一些基本属性。作为父母，应该尽可能多地为儿童提供探索的机会，让他们与外界进行亲密接触，让这些天生的“乐学者”延展探究的“领地”。这对于促进儿童的智力发展、养成良好的探索习惯很有好处。

心理学研究表明：孩子的心理发展还处于一个相对不平衡和不稳定阶段。他们对新生事物怀有好奇感和新鲜感，满腔热情，但遇到困难又有畏惧不前的现象，缺乏信心。因此，家长应为孩子创设一个民主、融洽的活动氛围，打消孩子的各种顾虑，使他们充满信心地轻装上阵，这是孩子“敢”动的前提。

所以，当我们的孩子在为一件成人所不能理解的小事大伤脑筋时，请不要给他们“泼冷水”。让他们大胆去破坏吧！

欣赏孩子的善良和爱心

美国一所大学德育中心主任、儿童心理学家说道："如果我们有同情心，那么当别人处于危难境地时，我们就有一种帮助对方的强烈冲动。"他把青少年的美德，归功于他们能够设身处地为他人着想，也就是同情他人。

儿童发育心理学家指出，同情心实际上包括两个方面：对他人的情感反应和认知反应。前者一般在孩子6岁之前发育成熟，后者决定较大孩子理解他人观点和感情的深浅程度。

婴儿1岁前就有对别人的情感反应。如果旁边有孩子哭，婴儿会不断地转向他，并随之一起哭。儿童发育心理学家马丁·霍夫曼把这种现象称为"全球同情心"，因为这个时期的孩子还不能区分自己和世界，因而把别的孩子的痛苦视为是自己的。

1～2岁时，进入同情心发育的第二个阶段，孩子能清楚地分辨自己和他人的痛苦，并且具备了试图减轻他人痛苦的本能。

6岁时，孩子开始了同情心发育的认知反应阶段，具备了根据别人的想法和行为来看待问题的能力。这种能力使得孩子知道什么时候该去安慰正哭泣的同伴，什么时候该让他独处。认知同情心无须交流（如哭泣等），因为他们内心明白痛苦时的感受，无论这种感受是否表现出来。

到10～12岁时，孩子的同情心从认识的或直接看得到的人身上扩展到陌生人身上。这阶段被称作抽象同情心阶段。孩子对处于劣势的人，无论是否生活在同一社区或同一家庭，都能表示同情。如果孩子对他人表现出仁慈和无私，就说明他们已经完全掌握如何表达同情心了。

千万记住，善良与仁爱是每个正在成长的孩子生命中最基本的要素。通过他们的善良，孩子为世界贡献了一份力量；通过他们的爱心，孩子优化了自身的品格。爱心需要长期培养，它也能使我们更趋成熟。

赞赏孩子的自我表现欲

在一个孩子的成长过程中，接受鼓励而产生自信心是非常重要的成长内容。

在孩子的幼年时期，面对着大千世界，他们常常感到束手无策。但是他们仍然有勇气进行各种尝试，学习各种方法，使自己适应，使自己能够融入这个世界。但是在这个时候，作为成年人的父母往往无意之中给他们设置了许多障碍，而不是帮助他们。父母这样做的根本原因是不相信他们的能力。

在大人的意识中已形成一定的偏见，如2岁的孩子帮助你拿盘子的时候，你对他说："不要动它，你会打碎它的。"这样你虽然保全了那个盘子，但是你的举动使孩子的信心产生了阴影，而且推迟了他的某种能力的发展，或许你阻止了一个小天才的产生。大人常常不经心地向孩子们展示自己多么有能力、有魄力、有气力。大人的每一句话，像"你怎么把房间搞得这么乱""你怎么把衣服穿反了”这类话，都是在告诉孩子他们是多么无能，是多么缺乏经验。这么做只会使孩子们慢慢地失去信心，失去了自己努力去探索、去追求、去锻炼自己的自觉性。

作为家长常常还有一种先入为主的观念，认为孩子到了某个年龄，才能做某种事情，因为他就是太小，太缺乏能力，不能做这类事情。但是往往孩子在那个时刻是可以做得很好的，大人却人为地推迟了他学会本领的时间。而这种做法，无一不使孩子失去自信，怀疑自己的能力，减弱他们的进取心。这些消极思想可能会影响孩子的一生。

孩子的自信程度是表现在他的行为中的，如果孩子缺乏对自己能力的自信，低估了自己的价值，那么他所表现出来的就是缺乏效率、缺乏积极主动性，他不会通过积极参与和贡献，来寻找自己的归属感。没有自信的孩子会很轻易地放弃任何努力，表现出自己是无用的，而且有时还故意做出逆反的事情，这样做的原因是他认为自己是无能的，不能做出任何有意义的贡献，是没有价值的，那么还不如做些恼人的具体事情，这样起码能引起别人的注意。

你对孩子的赞许和鼓励是至关重要的，你对他的反应有助于他学会自尊。当你信任你的孩子，并让他体会到自己是一个有价值的、有能力的人时，孩子会渐渐坚信自己具备这些品质。你的反应对孩子来说，像一面镜子，可以反馈给他一个关于他自身价值的积极信息。在鼓励孩子尽其所能地坐、爬、走、交友、分享与他人的快乐，以及学习的同时，也是对其知识、才能毅力以及成绩的具体的、积极的肯定。他愈有成就感，就愈有信心。自信的增长不仅仅来自有心的家长经常给予的表扬和鼓励，而且来自他对自己的能力和自身价值的认识。

第五章

世上没有坏孩子

让叛逆的孩子走向从容

你不必为孩子的反常行为而忧虑，因为这是一种正常现象，每个孩子都有反抗期。

孩子进入反抗期以后，最典型的表现就是顶撞父母。在父母看来，一直对自己言听计从、老老实实的孩子，忽然间变得判若两人，事事都要与父母对着干，有时忽然就会大动肝火。以前只要批评几句，孩子就会默默接受。可现在就不同了，你越是极力想控制他，他越是反抗，以至于有些家长感到纳闷："为什么他们事事都要对着干呢？"当家长提醒他时，他反而振振有词："妈妈您不也在做着同样的事情吗？为什么只说我？"孩子反倒指责起自己的父母来了。即使再有耐心的家长，听到这些话，也会勃然大怒。

但是，冷静地想一下，父母也并非完美无缺。而且，能看到父母的不足，说明孩子已经具备了对事物进行评判的能力。所以，与其生气，父母倒不如为此感到高兴。事实上，在我们不经意中孩子已经在一天天地长大，一天天地走向脱离父母的属于自己的人生轨道了。顶撞父母意味着孩子的成长，我们没有必要悲观，而应感到高兴。

反抗是孩子精神成熟的重要标志。从根本上讲，孩子自立、有主见就意味着要脱离父母并且开始具有与父母相异的想法。当然，其中有些想法可能会与父母近似。然而，即使有相似，他也不会囫囵吞枣地完全吸纳，而是将其纳入自己的思维框架中进行选择，接受自己认为可以接受的部分。

在孩子的叛逆阶段，他们总是尽一切办法摆脱家长的束缚，确认自己的个人身份。这个时候，压抑孩子的这种想法，会把他们封闭起来，或使他们走向更为严重的反叛。不妨顺其自然，给他们足够的尊重和自我价值感，这样，孩子们早晚会知道什么是好的，什么是不好的。孩子再长大一点儿，长成真正的大人以后，他就能够站在别人的立场上去思考，就能够理解、认同别人，对问题的反应也会变得十分从容。

让说谎的孩子走向诚实

几乎所有的孩子都会在这种或那种场合讲假话，但是他们说谎的原因并不完全相同。因此，我们在追究孩子说谎以前，首先得弄清他们谎话的起因。

（1）家长的管教比较严厉，孩子想逃避责备。

有一些家长对孩子的要求比较严格，这是好的，可是凡事都有个度，过犹不及，如果对孩子太过分、太严厉，动辄对孩子非打即骂，使得孩子见到父母就如同老鼠见了猫。在这种情况下，孩子做了错事后，怕被父母责备，往往想通过一句谎言来避免一顿“皮肉之苦”。

（2）孩子的虚荣心作怪。

有一些孩子为了满足自己的虚荣心往往容易胡编乱造，瞎吹瞎说。对于这种自我夸大的谎话，家长有必要找出出现此种不正常心理的原因，帮助孩子确立起坚定的信心。这些原因如孩子未能取得理想的成绩，家长对孩子的清规戒律过多，而使孩子的内心深处受到了压抑等。如属于上述情况，家长要全面地修正对孩子的态度，并给孩子经常性的鼓励。

在弄清了孩子说谎的原因后，家长在处理孩子说谎时，不该充满一触即发的火药味，更不应显出一种剑拔弩张之态，而应心平气和地疏导和教育，有的放矢地对孩子进行疏导。矫治的方法主要有以下几条：

（1）抓好第一次

如果孩子是第一次说谎，父母必须把它当作一件大事来抓。在弄清说谎的缘由之后，父母应动之以情，晓之以理，分析说谎的危害，指出问题的严重性，并明确表态："不能再说谎。"总之，要让孩子留下深刻的印象：说谎是不对的，下次不能再说了。只要抓好了第一次，就能刹住车。

（2）重视屡教不改的孩子

对那些总是说谎的孩子，父母必须高度重视，因为这是关系到孩子道德品质的大事，弄不好会成为孩子走上违法犯罪道路的开始。因此父母要认真分析其说谎的原因，摸准其说谎的规律，要多花点儿工夫，不要轻信孩子的话，稍有怀疑，必须马上核实孩子的话是否真实，如是谎言，应及时揭穿。要让孩子知道谎话骗不了父母，他就只好说实话。否则孩子就会觉得父母是"好骗的""可欺的"，继而胆子就会越来越大，谎话也就越说越多。

（3）改变专制，创造民主和谐的家庭氛围

父母的不信任往往是孩子谎言的温床。因此，家长一定要民主、平等地对待孩子，让孩子敢于说实话。有时即使孩子做了错事，只要孩子认错了，就不应再痛骂、毒打，因为孩子犯点儿错误是在所难免的。家长对孩子因一时疏忽而出现的后果反应过于严厉，就可能使孩子失去对家长的信任。家长对孩子的怒骂、惩罚常会适得其反地惹起更大的麻烦。

总之，家长对孩子撒谎行为的态度，会决定孩子是否会成为一个诚实的好孩子。只要家长对问题处理得当，引导有方，孩子一定会从爱撒谎变得诚实。

让胆小的孩子学会勇敢

指导、帮助孩子克服胆小的毛病，应从以下几方面入手：

（1）对孩子胆小问题有清楚的认识

家长要了解造成孩子胆小的原因、胆小的主要表现、胆小是可以转变的，并树立转变孩子胆小的信心，认真设计具体实施步骤，而不是简单的说教。特别是家长要认识到自己的责任，从转变自己的教育方式开始。

一般来说，孩子胆小，家庭教育的影响比较大，有些父母为了管教孩子，经常说一些威吓的话，比如“你不听话，就把你送给坏人”“不许到处乱跑，小心捡垃圾的把你骗了去”等等，这种“大灰狼式”的话语无形中给孩子造成一定的心理压力。孩子会认为外界环境危机重重，首先就产生了防备心理或者逃避心理。

家长过度保护孩子，也容易让他们变得胆小：不放心孩子独自在家、独自出门，做任何事情都得在父母视力范围内才放心。有个小男孩到了12岁都不敢独自乘公交车，即使是家门口就有直达公交车，家人也不放心。其实正是这种“保护伞”导致了孩子的胆小。

（2）采取有针对性的教育措施

孩子胆小，有认识和行为两方面的问题，因此，既要解决认识问题，又要解决行为训练问题，二者相辅相成。

父母不要把“保护伞”撑得太大，有些事情不能替孩子做一辈子，而且孩子的独立能力也是在潜移默化中培养出来的。所以从小就该给孩子一定的施展空间，让他们自己去闯闯。不过得重视方式，例如对不敢独自睡觉的孩子，刚开始父母可等孩子睡后再将其抱回小床上，或者孩子睡觉的时候开盏不太亮的壁灯，这些都可以让孩子渐渐适应黑暗。平时父母也可以以诱导的方式教育孩子，比如以孩子为原型编个“不敢独自睡觉的孩子”的故事，让孩子自己解答该怎么办，然后再让他自己照着做，这比直接对孩子说教的方式要好。

如果孩子不敢在生人面前或在班级里讲话，要告诉孩子，只要想好了说什么，大胆去说，大家都是欢迎的。别的小朋友能做的事，你必能做到，而且能做得很好。孩子有准备地迈出第一步后，及时肯定，第二步、第三步就好办了。

为了让孩子在班级大胆发言，可先请几个与孩子关系较好的小朋友到家里来，练习讲小故事，一人讲一个。事先帮助孩子准备一个简短的故事，讲了一次，下次就会勇敢一些。然后跟老师联系，请老师在课堂上提问他，事先让孩子准备好，回答之后，老师会表扬他，鼓励他，下一次孩子就会踊跃发言。也可以在孩子预习功课时，让他写出几个不懂的问题上课提问。班上有联欢活动时事先与老师联系，让孩子准备一个小节目，或者参加一个集体节目，得到锻炼机会。

为了让孩子锻炼办事的胆量，可以选择孩子能办的一件事，告诉他应该怎样办。他自己不敢去办，家长不妨陪他去，事情由孩子办。由小事到较大的事，由简单的事到较复杂的事，几次下来，孩子的勇气和能力就增强了。

总之，要针对孩子的问题，先讲道理并鼓励他，然后设计出具体的方案。只要家长用对方法，胆小的孩子一定会走向勇敢！

让任性的孩子懂得合作

亲子关系是一种很奇特的关系，一方面相互依恋，一方面又互有攻守，有些像打仗。具体到任性这个问题，同样可以看到类似的进退攻守关系，孩子不断任性胡闹的过程，就是家长不断丧失权威的过程。

不少父母都有这样的烦恼："我的孩子太任性，应该怎样教育他？"有的家长甚至说："我的孩子是天生任性，真没办法。"就绝大多数孩子来说，任性不会是天生的毛病。那么，孩子任性是怎样造成的呢？

意大利著名教育家蒙台梭利说过这样一段话："对成人而言，儿童的心灵是一个难解之谜。我们应该努力地探寻隐藏在儿童背后的那种可理解的原因。没有某个原因、某个动机，他就不会做任何事情。一个成人若想找到这些谜底，他必须对儿童采取一种新的态度，增强对儿童的责任感。他必须成为一个研究者，而不是一个迟钝麻木的管理者或专制的评判员，现实中成人以管理者或评判员的身份对待儿童的情况实在是太多了。”

蒙台梭利的话为我们提供了一个全新的思路：希望我们的父母暂且放下牢骚和埋怨，要努力读懂孩子的任性，解开他们任性背后的心理之谜。

（1）模仿别人的结果

任性不是天生的，但孩子的模仿能力却是天生的。在家庭里，或亲友当中有人任性，孩子曾不止一次亲眼看到任性的表现，而且可能得到了不错的结果，于是孩子就会模仿，学着表现任性。有的成年人也任性，孩子同样会模仿。爸爸、妈妈，任何一方有明显的任性行为，都会直接影响孩子。

（2）家长迁就的结果

有些孩子任性，是家长迁就的结果。对孩子的要求一味地满足，不分清对与错，不管合理不合理，孩子要什么，父母就满足什么，可谓百依百顺。尤其是孩子小的时候，家长觉得孩子小，不懂事，对不合理的要求，也迁就他，要什么买什么，几次之后，孩子就形成了心理和行为定式。

（3）源于父母过于民主

对于年龄较大的孩子，可以以理服人，而对于年纪尚小的孩子，带有强制性的教育管理仍是必不可少的。因为年纪较小的孩子，还缺乏足够的经验和判断力，在生活中有许多地方需要依赖父母的指导，如果过于民主，很容易把孩子宠坏，使其变得固执、任性、为所欲为。特别是学历层次较高的家长，把家庭教育中的“民主”管理看得很重，不管大事小事都寄希望于“晓之以理”，结果是理没谈成，孩子却被惯坏了。

（4）源于家长对孩子过度严厉、不尊重孩子

有的家长对孩子要求过于苛刻，孩子难以达到，所以产生逆反心理和抵抗行为，久而久之，就会变得任性。还有的家长不尊重孩子，动不动就贬斥孩子，甚至在外人面前也随意责备，孩子为了保全自己的面子，产生任性对抗行为。

怎样使孩子由任性变得不任性呢？要想教育好孩子，使孩子改掉任性的坏习惯，要按以下几点做：

（1）站在孩子的立场

当孩子出现任性行为时，一定要把自己放在孩子的位置上，看其行为是否可以理解，每当他任性时，有这样一个诀窍，就是在做一件他不情愿干的事之前，先征求他的意见，想办法让他点头同意。

（2）遵循教育统一的原则

只有家庭成员对孩子的教育互相配合协调一致，有统一的认识和要求，才能取得良好的效果。特别是爷爷、奶奶千万不要在孩子父母批评孩子的时候出面袒护、干涉，那样孩子有了“保护神”，就会更加肆无忌惮。聪明的父母会避开孩子单独商讨，以求在达到意见的统一后再对孩子进行教育。

（3）转移孩子注意力

比如当孩子吵着、闹着要只猫，可带他到公园去看老虎，威武的老虎也许会把他的兴奋点转移开，使他从任性中解脱出来。

（4）必要时，来点儿“惩罚”

比如：对他的哭闹，谁也不理睬，实行“冷处理”，即使他不哭不闹了，也要坚持“冷淡”他一段时间，待他沉不住气主动同大人接近时，抓住这个时机，严肃地告诉他任性是不对的，让他保证再不这样做。只有这个时候，批评才是有效的。

认真做到以上四点，不管多任性的孩子都会变得乐于合作。

让依赖父母的孩子学会自强

现在的社会充满竞争，“仅有知识和态度是不够的，行动和技能才是决定因素”，那些没有独立性、创造性，动手能力差的人必定难以立足。孩子是在一定的环境中成长的，要培养孩子的动手能力，在提醒孩子“自己的事情当然自己做”的时候，就要放手锻炼，让他们“学会生存”。

一份资料上曾提到3岁大的孩子可以把自己的房间收拾干净，6岁可以用吸尘器清扫房间。10岁的孩子每天应该做45分钟家务，星期六再加两小时。18岁时，孩子应该已经懂得如何持家了。他们应该懂得洗熨衣服、弄简单的东西吃、清洁浴室等。所有这些训练不但为孩子长大成人做准备，更可让他们懂得感激父母在照顾家庭方面所付出的心血。

著名作家刘墉说：难道因为爬山危险，就不让儿子去爬山吗？你要想好，是培养一只乖猫睡在你腿上，还是培育一个独立于天地之间的男子汉？……养儿子就要让他志在四方，放开双手，让他走出去，让他走得稳。让他吃苦，并不一定要把他放到艰苦的环境中去，而是给他一颗能够感受生活的心。

自立自强的习惯对于人的一生是至关重要的。而一个人习惯的养成又和儿时的生活有着千丝万缕的联系。俗话说："种瓜得瓜，种豆得豆。"哪一个家长不想让自己的孩子从小就"种下"一颗好习惯的种子！

让自卑的孩子走向自信

有位哲人说："自信心是每个人事业成功的支点，一个人若没有自信心，就不可能大有作为。有了自信心，就能把阻力化为动力，战胜各种困难，敢于夺取胜利。"

自信靠的是什么？我们认为，孩子自信心的培养，尤其需要来自父母和教师、朋友的激励。激励能扬起孩子自信的风帆。

要找到鼓励自己孩子的最有效的方法，最重要的是深入地了解自己的孩子，透彻地了解自己的孩子。每一个孩子都有不同的特点，这就决定了我们的方法也要不同，这就需要家长花时间去找到孩子的不同之处。鼓励孩子，树立他们的自信心，使孩子对自己有正确的认识，而不是终日怀疑自己，怀疑自己的能力与价值。有自信的孩子，不需要别人来评价好坏。

目前，我们的学习环境和条件都存在着这样或那样的问题，有些孩子被过度保护着，有些孩子的学习生活还过得相当艰难，也有不少孩子处于不好的家庭环境的影响中。如何使孩子保持坚定的信心，是一个十分重要的问题。

（1）多鼓励孩子

每一个孩子都需要鼓励，就像植物需要阳光、雨露一样。孩子尝试做一件事没有成功，这并不表示这个孩子无能，只不过是他还没有掌握技巧而已。如果我们责备孩子，孩子的自信心就会受到伤害并放弃努力。而在鼓励环境下成长的孩子，会懂得接受挫折和失败，会相信自己的能力并继续努力。

（2）在自立中培养自信心

有人说过，凡是儿童自己能做的，应当让他自己做；凡是儿童自己能够想的，应当让他自己想。美国的家长在培养孩子自立方面的要求非常高。两三岁的孩子就让他们自己吃、自己睡；孩子走路跌倒了，父母不要搀扶，让他自己站起来；为了不让孩子有依赖心理，让孩子能独立生存下去，不少父母临终前宁可将财产捐尽也不留给子孙。美国的这些教子方法，应该使我们得到一点启发。要让孩子有自信心，就要让孩子在自立中受磨炼。对于逆境中的孩子，父母更应该从树立自立方面去勉励孩子。

（3）在成功的心理体验中建立自信

任何微小的成功，都能增强人的自信。一个孩子，当他写好一个字，做对一道题，得到一面小红旗，洗净一双袜子，做出一个菜，钉好一枚纽扣，擦净一次地板时，他都有成功的喜悦，会期望自己下一次做得更好。

因此，家长要善于让孩子尝到成功的滋味。一个发明大王说过：“你知道我是怎样迷上发明的吗？告诉你，我是从小用泥块捏城堡起步的。成功欢喜地告诉我，我可以创造一切。”由此，我们可以看到成功的喜悦对孩子的魅力和价值。要做到这一点，一是家长对孩子的期望不要太高，一定要适宜，并能进行长远目标的阶段性分解，以促进孩子的有效循环。二是要努力为孩子提供适当的帮助。

（4）在“自我优势感”中建立自信

家长应当让孩子多看到自己的优势、长处，避免孩子老盯着自己的弱点，并争取做到以己之长，克己之短。同时，家长还应让孩子辩证地、客观地认识自我，这样既有利于孩子实事求是地制订自己前进的目标，又有利于孩子充满坚定的信心，在通往成功的道路上迈出坚实的步伐。

总之，孩子的自信是建立在父母高度赏识的基础上的，家长的肯定是孩子自信的源泉。只要家长方法得当，你会发现有一天，自卑的孩子也会快乐地对你说：“爸爸，妈妈，我发现我也很不错！”

让悲观的孩子变得乐观

乐观积极对人的一生有着极其重要的意义。《乐观儿童》的作者、心理学家马丁·塞利格曼称，乐观不仅是比较迷人的性格特征，它也能使人对生活中的许多困难产生心理免疫力。他做过高达1000次的研究，研究人数达50万（包括成人和儿童），结果发现，乐观的人不易患忧郁症，在学校和工作中都更容易成功。

美国有一对兄弟，一个出奇乐观，一个却非常悲观。

有一天，他们的父母希望兄弟俩的性格都能改变一些。于是，他们把那个乐观的孩子锁进了一间堆满马粪的屋子里，把悲观的孩子锁进了一间放满漂亮玩具的屋子里。

一个小时后，他们的父母走进悲观孩子的屋子时，发现他坐在一个角落里，一把鼻涕一把眼泪地在哭泣。原来，他不小心弄坏了玩具，怕父母会责骂自己。

当父母走进乐观孩子的屋子时，却发现孩子正在兴奋地用一把小铲子挖着马粪，把散乱的马粪铲得干干净净。看到父母来了，乐观的孩子高兴地叫道："爸爸，这里有这么多马粪，附近肯定会有一匹漂亮的小马，我要给它清理出一块干净的地方来！"

这个乐观的孩子就是后来的美国总统里根。他从报童到好莱坞明星，再到州长，直至当上了美国总统。这中间，乐观的性格起到了很大的作用。

乐观的人看窗外的天空是晴空万里，悲观的人看窗外的天空是乌云密布。

有些孩子看待事物总是持悲观态度，怎样培养他们乐观向上的人生心态呢？

（1）父母要做积极乐观的人

在家庭关系中，如果每个成员尤其是父母都始终保持乐观向上的性格，积极地对待一切事情，处理与孩子的关系，孩子生活在这种乐观积极、轻松愉快的家庭氛围里，自然受到好的影响。同时，父母要懂得教会孩子一些乐观向上的准则和方法。

教育孩子首先要使用积极的方式进行解释说明，让孩子多看积极的方面，对事物的发展充满信心。父母要培养孩子乐观的心态。

平时，父母应该多向孩子灌输一些乐观主义的认识，让孩子明白，令人快乐的事情总是永久的、普遍的，一旦有不愉快的事情发生，那也只是暂时的，不具普遍性，只要乐观地对待，生活仍然是美好的。例如，碰到周末要加班去，就要对孩子说："今天妈妈要去公司加班，这表明妈妈的工作很忙。"而不要对孩子说："该死的，妈妈今天又要加班去。"

不管怎样向孩子说明你的情况，事实是无法改变的，但是给孩子的感觉却是不一样的。当你向孩子说："今天妈妈要去公司加班，这表明妈妈的工作很忙。"孩子会觉得妈妈很能干，在公司是核心人员。如果你对孩子说："该死的，妈妈今天又要加班去。"孩子会觉得你是不愿意加班而不得不去，这就给孩子留下了不快乐的阴影。

（2）当孩子遇到困难时，父母要多加鼓励

每个孩子都会碰到不称心的事情，即使天性乐观的孩子也是如此。当孩子遇到困难时，父母要多留心孩子的情绪变化，如果孩子闷闷不乐，父母无论多忙，都要挤出一点儿时间和孩子交谈，教育孩子学会忍耐和坚强面对，鼓励孩子凡事多往好的方面想，不要总往消极的方面想。

父母一定要注意观察孩子的情绪，只要孩子愿意与父母沟通，父母就要引导孩子把心中的烦恼说出来，这样，烦恼很快就会消失，孩子也会重新快乐起来。当然，父母也可以帮助孩子克服一些困难，教给孩子以正确的态度和措施来保持乐观的情绪，这些都是促使孩子摆脱消极情绪的好方法。

（3）允许孩子自由地悲伤

孩子在遇到困境时，往往会感到悲伤。父母应该允许孩子自由地表现悲伤。如果孩子在哭泣的时候，父母要求孩子停止哭泣，不能表现出软弱，孩子就会把心中的悲伤积聚起来，久而久之，可能造成孩子的消极心理。

可见，对于孩子表现出的悲伤或软弱，父母不要呵斥，应该让孩子尽情地发泄心中的郁闷，只要孩子发泄够了，他自然会恢复心境的平和。当然，如果孩子需要父母的帮助，父母应该及时安慰孩子，用相同的心理去感受孩子的情绪，努力引起孩子的情感共鸣，从而缓解孩子的不良情绪。

（4）要给孩子创造相对民主的环境

许多孩子不快乐主要是因为他们觉得自己没有自由。有些父母对孩子太过溺爱，往往会抑制孩子的一些行为和举动，甚至替孩子包办一些事情，这样，孩子就事事不用做，也无法在做事中得到乐趣。

美国儿童教育专家认为，要培养孩子乐观开朗的性格，就不要对孩子“抑制”过严，而是要允许孩子在不同的年龄段拥有不同的选择权。

一般来说，只有从小就享受到“民主”的孩子，才会感受到人生的快乐。因此，聪明的父母不妨做个“懒惰”的父母，让孩子自己去选择、处理自己的事情。

（5）对孩子进行希望教育

乐观的孩子往往对未来充满了希望，悲观的孩子则往往觉得没有希望。因此，父母要对孩子进行希望教育。希望教育是一项细致的工程，需要父母及时地感受到孩子的沮丧和忧愁，帮助孩子驱散心中的阴影。

平时，父母要多引导孩子看到自己的进步和成绩，鼓励孩子想象自己的美好未来，让孩子对自己的未来充满希望。只要孩子对未来充满了希望，孩子必定会以乐观的心态去面对生活中的事情。

（6）丰富孩子的精神生活

丰富孩子的精神生活可以使孩子把注意力转移到其他事情上来。

让孩子积极参加各种活动。开始时，可以暗示孩子主动提问、主动要求、主动学习。紧接着，当孩子主动行动了，父母要用表扬、奖励等方法强化孩子的自主观念。

孩子主动去做了，不一定成功。父母要激励孩子，告诉孩子："人生不如意事十有八九。"失败了一次不要紧，失败是成功之母。让孩子接触各类事物，接触的事情多了，见多识广了，心胸自然就开阔了，悲观思想便不容易产生了。

让自负的孩子懂得谦虚

自古以来，我国人民就有谦虚的美德，有许多这方面的格言警句启迪后人，如"满招损，谦受益""谦虚使人进步，骄傲使人落后""虚心竹有低头叶，傲骨梅无仰面花""百尺竿头，更进一步"等。

爱因斯坦是20世纪世界上最伟大的科学家之一，他的相对论以及他在物理学界的其他研究成果，是留给我们的一笔取之不尽、用之不竭的财富。然而，就是像他这样有成就的人，还是在有生之年不断地学习、研究，活到老，学到老。

有人去问爱因斯坦，说："您老可谓是物理学界空前绝后的人才了，何必还要孜孜不倦地学习呢？何不舒舒服服地休息呢？”爱因斯坦并没有立即回答他这个问题。而是找来一支笔、一张纸，在纸上画上一个大圆和一个小圆，对那位年轻人说：“在目前情况下，在物理学这个领域里可能是我比你懂得略多一些。正如你所知的是这个小圆，我所知的是这个大圆，然而整个物理学知识是无边无际的。对于小圆，它的周长小，即与未知领域的接触面小，他感受到自己的未知少；而大圆与外界接触的这一周长大，所以更感到自己的未知东西多，会更加努力地去探索。”

是啊！多么好的一个比喻，多么深刻的一番阐述！

作为父母，要时刻警惕孩子的“自大、自傲”心理，要塑造孩子谦虚的品质。每个人都要养成“虚怀若谷”的胸怀，都要有一种“谦虚谨慎、戒骄戒躁”的精神。让孩子在有限的生命里去探求更多的知识空间！

让冷漠的孩子变得有情

家庭是孩子的第一所学校，父母是孩子的首任老师。因此，作为家长，应该对孩子加强情感教育，从小培养孩子关心他人、体贴父母的良好品质。作为子女，理应想到父母拉扯自己的不易，铭记父母对自己无微不至的关怀，并尽心尽力去爱父母、爱他人。

怎样培养孩子养成孝敬父母的好习惯呢？

（1）要建立合理的长幼有别的家庭关系

“合理的长幼有别”与封建家长制、一言堂是不同的。所谓“合理”，是指全体家庭成员（包括子女）之间首先是民主平等的，父母要尊重孩子的独立人格，尤其是在处理孩子自己的事情时，一定要充分听取孩子的意见，尽可能按孩子合理的意愿办事。同时，家庭又是一个整体，不能各自为政，总要有人当家“长”，来“领导”家庭，管理指导家庭全体成员的生活。父母是家庭生活的供养者，而且他们有丰富的生活经验，自然应当成为家庭的核心和主事人。孩子应当在父母的指导和帮助下学习、生活。

（2）要让孩子了解父母为他和家庭所付出的辛苦

父母应当有意识地经常把自己工作和收入的情况告诉孩子，说得越具体越好，从而让孩子明白父母的钱来之不易。这样，孩子会逐渐珍惜自己的生活，也会从心底里产生对父母的感激和敬重。

（3）要从小事入手训练和培养孩子孝敬父母的行为习惯

教育子女孝敬父母的一般要求是：听从父母教导，关心父母健康，分担父母忧愁，参与家务劳动，不给父母添乱。要想把这些要求变为孩子的实际行动，就应当从日常小事抓起。

（4）要以身作则，父母要做孝敬长辈的楷模

孩子对待父母的态度，直接受父母对待长辈态度的影响。

（2）从小事做起，磨炼孩子的意志。

家长培养孩子的意志力，要从孩子“小的克制”入手。应该有意识地让孩子多经受几次失败的磨炼，不必担心，不必心疼，只要善于启发，在必要时刻帮他一把，他一定能学会在逆境中战胜自己，完善自我。

当然，从小事做起，只是起点。培养意志力，要随着孩子的成长和进步，从小到大，从易到难，从低到高地磨炼孩子。当孩子能够迎接越来越大的困难和挑战的时候，一个意志坚强的孩子就站在家长面前了。

（3）适当利用孩子的逆反心理，激发孩子的斗志。

当孩子遇到困难窘境时，父母不必立即去替他们解围，要给他们自己处理困难的机会。孩子学走路跌倒了，相信大多数父母会热情地鼓励他“爬起来，再走”，而不会立即冲上去抱起孩子，从此不让他下地，更不会迁怒于他物。当孩子遇到难题束手无策时，应鼓励他：“再想想办法，胜利往往在于再坚持一下的努力之中！”

有志气的孩子，应该充满自信地对自己说：“我就不相信我不能改正缺点，别人能做到的，我也能做到；别人做不到的，我要争取做到。”

大家知道，“劳其筋骨”是磨炼意志的重要方法。适合孩子的艰难一些的劳动、体育活动，能使孩子坚强起来。长途远足、爬山、跑步、游泳、较重的劳动……可供选择的内容很多，家长要指导孩子选择，关键在于坚持。

另外，培养孩子坚强的意志，尤其需要家长的榜样力量。如果家长懒懒散散，生活懈怠，做事没有信心，经常半途而废，是难以培养孩子的意志的。

让笨拙的孩子变得心灵手巧

有些父母比较疼爱孩子，凡事都不让孩子干，这样无疑让孩子损失了许多“亲手做”的机会。而那些聪明的父母总是为孩子安排一点儿日常的“工作”。一开始这些事情可以简单点儿，让孩子能轻易完成，完成后还应表扬孩子。事情的难度可以逐步增加，如果孩子觉得困难，父母可以给予适当的引导，并鼓励孩子不要放弃，一定要把事情做完。久而久之，孩子可以在做事中增长经验，动手、动脑的能力自然而然就得到了提高。

要想培养孩子的动手能力，家长的态度起着至关重要的作用。有位日本医学博士在多年研究后也明确指出：“如果想培养出智力出众、头脑聪明的孩子，那就必须让孩子锻炼手指的活动能力。”

只有家长提供动手条件，孩子才有机会得以训练自我。要是家长有计划地训练孩子从点滴小事做起，一旦养成好习惯，要他做出不良行为已不可能。养成好习惯，他做事都会有条理，会认真地完成，好习惯不管对生活上、学习上都是有帮助的，这是训练孩子的起始阶段，也是为孩子将来有所作为打下良好基础。家长应鼓励孩子做力所能及的事，让他们自己动手动脑，不管做得好不好，即使是微小的进步，也应该给予表扬、鼓励，不要急于求成或责备孩子，这样会打消他们的积极性。

在孩子行为习惯养成的过程中，变化是一个过程，需要时间。孩子现在的行为习惯是他出生到现在一直学习的结果，因而学习新的行为习惯不可能一下就成功。训练孩子的动手能力要有耐心，并且讲究一点儿策略。下面这个故事也许能给你一些启发：

在朋友家闲坐，无意中发现朋友为孩子洗鞋时只洗一只。朋友解释说，这是他创造的一种教育孩子的方法，这样可以迫使孩子为了使两只鞋一样整洁，自己动手将另外一只鞋也洗干净。这位父亲成功的地方在于抓住了孩子的心理特点，并在教育方法上加入了幽默的色彩，不是强迫，而是积极地引导。

在很多场合，我们都能看到一些父母为了让孩子接受自己的意愿而不停地唠叨，实在不见效果就拿起棍棒，并伴以讽刺和挖苦的语言。用这种简单粗暴的教育方法培养出来的孩子，失去了应有的创造力，个性和人格的发展也得不到完善，其内心世界常与外部世界发生冲突，就会与周围环境格格不入。

在教育孩子的过程中，试试给他洗一只鞋，再把另一只交给他，你会惊奇地发现：笨拙的孩子突然有一天变得心灵手巧了。

让害羞的孩子变得落落大方

按照古希腊学者的划分，人格大致有四类典型的类型：多血质、胆汁质、黏液质和抑郁质。英国人格心理学家艾森克认为其动作特征可概括如下：

多血质，属于外倾——稳定型。表现为：活泼、开朗、健谈、反应速度快。在动作上具有行动敏捷、可塑性高、主动性强等特点。

胆汁质，属于外倾——不稳定型。表现为好斗、冲动、容易激动。在动作上反应速度很快，主动性强，但可塑性较差，没耐心。

黏液质，属于内倾——稳定型。表现为温和、善于克制自己。在动作上较为谨慎和被动，反应速度较慢，可塑性不高，但稳定而有条理，极富耐心，创新性不高。

抑郁质，属于内倾——不稳定型。表现为反应速度慢，动作迟缓，易焦虑，文静。在动作中具有较高的敏感性，但反应不快，主动性较差。极富幻想而又聪明，不过，容易受挫折。

著名心理学家达维多娃曾经把上述四种人的人格描述为如下一个故事：有四位朋友各具上述四种不同人格素质。他们去看戏时，迟到了，检票员不让他们进去。这时，胆汁质的人会和检票人大吵大闹，非得闯进去不行，不顾检票员的阻拦；多血质的人看到楼下入口处看守很严，就会想办法溜到楼上去看戏；黏液质

让脆弱的孩子变得坚强

意志力对人一生的影响是至关重要的。意志力在人的所有非智力品质中具有核心的地位，对人格发展有重要意义。家长不妨看看我们的亲友、我们的同事，凡是那些事业有成的人大都是具有良好意志力的人。

意志力不是天生的，主要靠后天的教育培养。一个小孩子，幼儿和小学低年级会表现出意志力的初步状态。小学三四年级开始，意志力的各个因素发展很快。因此，必须从小抓紧意志力的培养，一点儿也不能放松。

培养意志力的方法很多，但主要在实践行动中培养，要因人而异。这里提出几种方法供家长参考：

（1）摸清孩子意志力薄弱的原因，有针对性地采取教育措施。

每个孩子都有一定的意志力，只是强弱不同，要从孩子实际出发，找准其弱点。鼓励孩子自始至终做好每一件事情，是指导孩子进行意志锻炼的重要手段。孩子年龄小，做事易受外部环境影响，如果遇到困难，就会放弃原始目的。要克服这种缺乏意志力的行为，父母就要及时表扬孩子已取得的成绩，帮助孩子克服行动的困难，鼓励孩子坚持把一件事做完，还可以选择一些有关意志力培养的故事讲给孩子听，以培养孩子的意志力。

的人却不敢这样做，他也许会很规矩地等在大厅外面，直到中场休息再进去；而抑郁质的人有可能就会叹息自己命运不济、倒霉透顶，掉头就回家去了。

不过，现实中多数人可能是混合型。人格不是不可以改善的，人们常说“本性难移”，其实并不是不能“移”，改善的方法很多，但动作训练对早期人格形成来讲是一种有效的途径。

我们都知道，学龄前的儿童思维与动作相关程度很高。其实动作与人格的特征也同样密切相关。另外，早期儿童人格可塑性较强，所以我们可以通过对动作的训练，让儿童形成更加合理的人格结构。青年期之后，人格基本定型，可塑性就很差，想变就难了。

行为科学认为，动作训练可以提高个人的社会亲和力，提高交往能力和意识。我们发现，一个性格内向的人通过运动而获得别人的认同，自然也增加了和别人的交往机会和能力，一个不稳定个性的儿童，通过动作训练，会提高其耐心和意志的水平，这些例子不胜枚举，一般的礼仪训练更是如此。

只要合理把握好对待孩子的尺度，害羞的孩子会走向落落大方。终有一天，你会发现他走在人群中，举手投足是那样的得体，那样的卓尔不凡。

让嫉妒心强的孩子走向豁达

嫉妒是由于别人胜过自己而引起抵触的消极的情绪体验。现实中不少孩子爱嫉妒别人，闹情绪，但是家长却不知道怎样对孩子进行教育。那么，如何引导嫉妒心强的孩子呢？我们必须明白，有嫉妒心的孩子一般都具有争强好胜的心理，因此，家长们可利用这有利因素，积极引导孩子不嫉妒对方，鼓励孩子发挥自身的优势，学习他人的长处。这样就可使孩子争强好胜的性格向好的一面强化，而不是向另一极端转化。

下面的这些方法是家长们应该学习的：

（1）和孩子讲清嫉妒的危害

首先，嫉妒心理影响身心健康，正如培根所说：嫉妒这恶魔总是在暗暗地、悄悄地“毁掉人间的好东西”。嫉妒心强的人长期处于一种不良的心理状态中，情绪上总有压抑感，久而久之可能导致器官功能降低，产生不良反应。因此又可引起忧愁、消沉、怀疑、痛苦、自卑等消极情绪。这样恶性循环，会严重损害身心健康。

其次，嫉妒心强影响学习。嫉妒心强，直接影响人的情绪，而不良的情绪会大大降低学习的效率。

另外，嫉妒心强可能使我们结交不到知心朋友。嫉妒是人际交往中的心理障碍，它会限制人的交往范围，压抑人的交往热情，甚至能化友为敌。这就可能使同学们想躲开你，不愿与你交往。从而给自己造成一个不良的人际关系氛围，你会感到孤独、寂寞。

（2）要培养孩子的宽广胸怀

培养孩子豁达的人生态度，要让孩子有容人之量，不计较一时得失、一事高低。还要有高尚的情操，以诚待人。

（3）教育孩子正确地评价自己和别人

家长千万不可用贬低孩子所嫉妒的对象的办法来减轻孩子的嫉妒心理，那样会导致孩子过多地去看别人的不足而放弃自己的努力。

（4）父母要敢于说“不”

对于孩子由于嫉妒而产生的不合理的攀比要求，父母要敢于说“不”，这时候对孩子一定要“狠”一点儿，不让其消极心理得以滋生和发展，要使其走上健康成长之路。

在父母的努力之下，孩子总会摆脱嫉妒的“毒瘤”，走向豁达快乐的人生。

第六章

赏识教育的理想结果

让孩子自觉观察

“多看，多听，多接触，你就会成为智者。”这是阿基米德的父亲对孩子最重要的教育和启示。

公元前287年，阿基米德出生在意大利西西里岛一个学者家庭。父亲是宫廷的天文学家，特别注意对儿子观察能力的培养。

阿基米德很小的时候，父亲就带着他到山顶上观察明净的夜空和灿烂的银河，并且如数家珍，告诉孩子各种星座的方位和特征，什么北斗七星啦，大熊星座啦，小熊星座啦，仙女星座啦，天蟹星座啦，他都一一指给孩子看，并要求孩子指出每一个星座的方位、亮度和其他特征。他说：“孩子，观察的技能就是抓住特征的技能，这是因为每一个事物都会具有不同于其他事物的特点。只要能够多看、多听、多接触、多比较，你就会成为智者。”

为了培养孩子的观察能力，阿基米德的父亲还要求孩子在沙盘上把星座的位置和形状标示出来。这样一次一次地练习，小阿基米德也就具有了善于观察的火眼金睛了。

有一次，阿基米德在院子的草地上玩耍，他拨开草丛，发现草丛里藏着一窝野鸡蛋，就把这些野鸡蛋捧起来，送还给邻居。邻居家的老爷爷笑着问他：“孩子，你怎么知道这些蛋是我们家的呢？”阿基米德低着头想了想，指着蛋上的斑点说：“您的儿子在波斯经商，这些鸡都是吃波斯小米长大的，所以蛋上有一块一块的黄斑。我们这一带人家养的鸡都是吃小麦长大的，西西里小麦的颜色偏红，所以周围人家的鸡蛋壳儿都带有红色呀！”老爷爷非常高兴，连声夸赞阿基米德是一个聪明、诚实、观察仔细的好孩子，将来一定大有出息。父亲知道这件事以后，说：“你小小年纪就很会观察，真是一个当学者的好料子。”

有一天，阿基米德到郊外游玩，看见一个农民在用木棒撬一块巨大的石头。他就询问说：“石头这么重，你能推得动吗？”农民也不说话，只是在石头底下塞了一块小石头，再把一根长铜棍插到石头底下，一下子就把大石头撬得滚下了山坡。

阿基米德仔细观察农民的动作，又围着石头转了几圈，他发现：大石头距离支点很近，而农民手握的铜棍尾部距离支点非常远。由此，他大受启发，进而推出了杠杆定理，并且说：“给我一个支点，我就能撬动地球！”

阿基米德的话传到了国王耳朵里，国王十分生气，说："这年轻人真是不知天高地厚。别说撬动地球，只要他能依靠他个人的力量移动王家游船，就算他有本事。"

国王的命令自然是金口玉言，阿基米德也不敢怠慢，他在码头上架起一根转轴，再在转轴上横穿了一根长长的杠杆。而转轴上拴着的绳子，又紧紧拉住了大游船的船头。

阿基米德表演那天，码头自然是人山人海，挤得水泄不通，只见国王一声令下，阿基米德就缓缓推动杠杆，注满了油的转轴也吱吱呀呀地转动起来。另一端的绳子越拉越紧，游船果真一点儿一点儿地移动起来。国王非常高兴，宣布说："阿基米德的杠杆的确可以战胜神力！"

常言说："家教无小事。"父母的家庭教育事关孩子的前途，这是万万不可掉以轻心的。而孩子智力的培养和生活技能的训练，最简单的办法就是从培养观察力开始。要鼓励孩子养成勤于观察、细心观察的习惯。

所谓观察，就是一要看，二要察。听、看、摸是人们观察事物的基本手段和获得信息的基本渠道。

让孩子乐于记忆

公元前384年，亚里士多德出生于希腊斯塔吉拉城一个著名的医生家庭。在他10岁那年，他的父亲被任命为马其顿国王的首席医生。亚里士多德的父亲一无后台，二无背景，完全依靠技术起家，因而有一种极强的个人成就感。他非常珍惜自己的技术成就，并且希望将来儿子能够子承父业，当一名高级技术人员，不仅将技术作为终身职业，而且还要将技术作为安身立命和延续家庭血脉的超级法宝。

为了让孩子能够子承父业，从亚里士多德5岁起，父亲就开始教他背诵医疗书籍，例如药品配方、治疗手段等。可是弄来弄去，亚里士多德专靠死记硬背，把那些医书上的知识记诵了一阵子，很快就忘掉了。后来，亚里士多德的父亲想了一条妙计，他发现儿子对眼前看得见的活生生的东西非常有兴趣，而且记得挺牢固，就从药柜里拿出许多药品实物，一样一样叫儿子识记，看一样就记一样，而且各种药品的颜色、气味、形态，各有不同，很容易引起孩子的兴趣。父亲还如数家珍地讲述每一样药品的生长地的风土人情，使亚里士多德听得两只眼睛都直瞪瞪地发亮，这种方法在现代被称为直观记忆法。当时印刷术不发达，书写工具也比较缺乏，学习医学的主要手段就是依靠记忆。几千种药品、几千个药方，还有数以百计的治疗方法，全靠医生花费几年或者十几年的时间记忆，所以全靠实物记忆显然是不够的，还得培养孩子其他的记忆能力和记忆手段。

亚里士多德的父亲为了延续家庭的医脉，还想出各种高招来培养儿子的记忆，这类多手段全方位的综合记忆法，在当时就被称为“亚里士多德记忆法”。说有一天，父亲带亚里士多德去西西里岛游玩，那是一方阳光灿烂的音乐之乡，到处都是能歌善舞的民间歌手，游人只要往篮子里投一个铜板，歌手就会为你唱一支妙不可言的民歌。于是父亲灵机一动，专门请了个民间歌手当仆人，一边料理家务，一边教儿子唱歌。小亚里士多德借着铿锵动听的节奏，一下子就能把歌曲背得滚瓜烂熟。这就是音乐记忆法，在当时是一种流传很广的很好的学习记忆方法。

亚里士多德的父亲发现儿子迷上了雕像作坊，当时希腊是远近闻名的雕塑之乡，城里有大大小小数十家雕塑铺子，匠人只要看一阵子图画，就可以依照图画制作出一模一样的雕塑。于是他就叫儿子到雕塑铺子里去拜师学艺，学习那些匠人惊人的记忆力，这就是色彩记忆和线条记忆。

每年4月4日，雅典城都要举行艺术狂欢节，演出三天大戏，城里男女老少倾城出动，去卫城大剧场看戏。亚里士多德特别爱看戏，早在3月柳枝发芽的时候，他就会一天一天计算日子，催促父亲带他上卫城剧场看戏。雅典的大戏每天演出三场，大约十个小时，而亚里士多德全然忘了疲劳，从早到晚看得津津有味，还能把许多台词背诵出来。由于大戏的内容讲的都是特洛伊英雄的故事，而父亲早已把《荷马史诗》背得滚瓜烂熟，他就同儿子达成了一项协议：每天晚上父亲给儿子讲一个特洛伊英雄故事，条件是儿子必须将故事情节复述出来。这在现代被称为语言记忆，同样也是培养记忆力的最好方式。由于日复一日地复述故事，亚里士多德的记忆力非常惊人。他不仅把父亲的医书阅读到了过目能诵的程度，而且还记住了哲学和数学方面的许多知识。

他把每一个例题仔仔细细琢磨一遍，再去记诵有关例题的公式。这种方法叫作理解记忆。

由于有了父亲从小精心培养的惊人的记忆力，亚里士多德广泛涉猎了政治学、戏剧学、心理学、医学、物理学、数学各个学科，并且广有成就，被历史学家称为“百科全书式的学者”，最后还当上了马其顿王子亚历山大的老师。

记忆力、观察力、注意力、思维力、想象力，这是孩子智力的五大构件。要让孩子出类拔萃，必须下大决心培养上述五大智能。

古代教育把记忆力作为最基础的技能加以训练，这是因为古代书写工具极不发达，信息保存手段相当贫乏，所以人的大脑就成了最重要的信息资料数据库，记忆量的大小也就成为学问高低的重要标准。

在现代，记忆力同样是学生学习的基本能力。目前中小学主要是学习基础知识，而基础知识的主要获得手段就是识记，所以记忆力好的学生往往就是成绩最优异的学生。

记忆力不是才能，也不是天生的，是经过努力才能获得的能力。有了这种信念，相信你的孩子会对记忆力的培养充满信心。

让孩子欣然关注

“关注它，你就能得到意想不到的收获。”这是丘吉尔的母亲帮助孩子提高学习成绩的著名心得。

1874年，丘吉尔出生于英国一个官员家庭，由于父亲职务的调动，他在两岁时就随同全家迁到了爱尔兰。小丘吉尔非常顽皮，整天爬到树上掏鸟蛋或者一头钻进狗圈里逗狗玩耍，对父母的劝告根本就不加理睬。

小丘吉尔不停地变动玩耍的花样，一会儿玩游戏，一会儿又上树捕蝉；一会儿下五子棋，一会儿又跑到教堂里看合唱队唱《圣歌》，注意力变动得过于频繁，丘吉尔成了当地有名的“淘气鬼”。

7岁，丘吉尔进了圣乔治寄宿学校，他是全校有名的淘气包。老师在台上讲课讲得头头是道，他却在台下制作纸船和纸鸟儿。老师努力的讲授自然成了剃头挑子一头热，他一句也没有听进去，成绩极其糟糕，是学校休息室里跪地板的常客。更为糟糕的是，小丘吉尔今天少学了一点儿，明天又少学了一点儿，结果他在学业方面欠账越来越多，以致根本就听不懂老师讲些什么。这造成一种恶性循环，使得他对学习完全失去了兴趣。

看着孩子一天一天地消沉下去，丘吉尔的妈妈自然十分着急。这个最难管教的孩子，一下子由心肝宝贝变成了妈妈心头永远的痛。这时候，保姆爱维莉给她出了个点子：“既然这孩子最大的毛病是注意力不集中，那么让他做些事情培养自己的注意力，问题不就解决了吗？”

丘吉尔的妈妈觉得挺有道理，就向自己的堂弟、教堂牧师米隆先生讨教。米隆说：“注意就是选择，培养孩子的注意力就是让孩子专心关注于一件事情，对其他的干扰性因素充耳不闻，视而不见。我看这事儿还得从孩子的兴趣开始。”

丘吉尔的妈妈茅塞顿开，决定按照米隆的意见办。孩子喜欢做纸鸟，妈妈就找了一些彩色纸张，天天陪着孩子做纸鸟，什么山鹰呀，鸽子呀，天鹅呀，一只一只地做，让孩子专心地做同一件事情。开始孩子能专心致志地做一个小时，慢慢地能做两个小时，这样日复一日地做下去，渐渐地，他的注意力有了持久性。接着，丘吉尔的妈妈开始辅导孩子的数学课。每每孩子做对了一道，她就会不失时机地大加表扬。孩子有了劲头，便一道一道地做下去，久而久之，注意力也就能够集中了。

培养注意力的关键，是培养孩子关注同一件事的持久性耐力。丘吉尔的妈妈懂得这个道理，下定决心在孩子的耐力方面多做文章。

妈妈背上画板带着丘吉尔去野外写生。爱尔兰的秋天，丹叶飞红，红枫似火，母亲让孩子专画那一棵棵在万叶飘红中苍翠欲滴的雪松。妈妈总是慈爱地呼喊着：“注意那垂下的枝叶，你瞧它在阳光下闪烁的光彩被染成了紫色。注意树冠，它像骑士的长剑一样锐利而且直指苍天呢！”如此这般，妈妈一张画板，丘吉尔一张画板，两人比赛着、竞争着、互相鉴赏着，丘吉尔的注意力也在不知不觉中得到了锻炼和提升。

为了培养孩子的注意力，丘吉尔的妈妈还特别重视矫正孩子的不良习惯，比如说，丘吉尔喜欢一边做作业，一边打开五音盒听音乐，她就会在这时候把他的五音盒放回卧室，避免孩子受到不良干扰。又比如说，丘吉尔做功课时经常心不在焉，想一些同功课毫不相关的事情，她就告诉孩子："不要三心二意，那是最糟糕的懒汉哲学。关注它，你就能得到意想不到的收获！"为了让丘吉尔养成专心致志的习惯，他的妈妈还采取措施，运用陪读的办法同丘吉尔一起做功课，通过不断的问题提示使得丘吉尔根本无暇去考虑无关的事情。就这样一点一滴，循序渐进，小丘吉尔一天一天改变了模样。为了让他避免无关因素的干扰，妈妈亲自去找校长，把他的座位安排到了第一排，这样他上课时的注意力也就明显集中多了。妈妈的心思自然没有白费，经过长达6个月的注意力训练，丘吉尔已经能够毫不吃力地跟上老师讲授的课程了。后来，他还考上了当时最有名的桑德赫斯特军事学院呢。

母亲的教育对丘吉尔的一生都产生了极其深刻的影响，"关注它，你就能得到意想不到的收获。"这句话成了丘吉尔写在军校课桌上的座右铭。这种专心致志的注意力，最后促成了他一生的成功。

众所周知，孩子获得知识的基本渠道是课堂教学，而将课堂教学的内容转化为孩子的知识素质的基础就是孩子的课堂注意力。

调查表明，注意力是影响孩子课堂学习效率最重要的因素。注意力集中并且持久的孩子，对课堂教学的知识转化率就特别高，而注意力不集中的孩子，课堂效率则每况愈下。最后这种注意力差距的积累导致了学生成绩差距的积累，从而不可避免地引发了学生学业成绩的明显分化。

调查数据同时表明，差生知识结构的缺陷是一种渐进的积累过程，这种积累的时间越长，矫正的难度就越大。而知识结构缺陷的根本原因并不是智力方面的，而是注意力方面的，或者说是由学生课堂上的知识转化率过低而造成的。

注意力分为直接注意和间接注意，直接注意是因为孩子对某事产生浓厚的兴趣，从而将所有的精力专注于这一事物。间接注意是因为孩子对事物本身并没有很大的兴趣，但是他对事情的结果保持浓厚的兴趣。例如孩子可能对历史课没有兴趣，但是他对历史考试的成绩很有兴趣，于是也会集中注意力倾听历史课程。我们既要培养孩子的直接注意，也要培养孩子的间接注意，最重要的当然是培养孩子对于学业的持久性毅力和耐力，让孩子欣然关注。

让孩子勤于思考

“我思故我在。”这是法国哲学家笛卡尔的传世名言。

直到现在，我们依然能感受到这位伟大思想家的思想光彩。笛卡尔的成功离不开家教成就的高超的思维能力。

1596年，笛卡尔出生于法国风景迷人的拉艾小城。他父亲是布列塔尼最高法院的法官，地位显赫。可他本人却很不幸，从小就失去了慈爱的母亲，因而父亲就独自承担了抚养孩子的重担。

小笛卡尔5岁开始接受正规教育，8岁开始学习欧洲最深奥的学问“经院哲学”，属于那种大器早成的孩子。可他有一个不大不小的毛病，特别喜欢睡懒觉。平时他晚上看书看得很迟，早上就躺在温暖的被窝里思考书上的问题。有人认为这是一个缺点，时不时地笑话笛卡尔，但是笛卡尔的父亲认为这是孩子的一个特点，他支持孩子说：“你有独立的思想就有独立的人格，根本不用在乎人家说些什么。”

笛卡尔的父亲特别注意培养孩子的思维习惯和思维能力，他告诉儿子说：“财产是靠不住的，再富的家庭也延续不了三代。权力也是靠不住的，再显赫的家庭也同样延续不过三代。像法国最有权势的人物希龙，威风了两代人也就让皇帝给贬掉了。最重要的是靠自已，靠自已的学识和才智，这才是最具有长久生命力的东西呀！而要获得这些，关键是要学会独立思考问题，具有思维能力。”

笛卡尔9岁的时候，父亲带他到勃艮第公爵家做客，公爵家刚从非洲买回来一群鸵鸟，每一只都是健壮无比和奔跑如飞的庞然大物，上面还能坐小孩子呢。有人说：“别看这鸵鸟长得又高又壮，其实它们是胆小如鼠之辈。如果遇到敌人，它们就会把脑袋藏到沙子里，等着猎人去抓呢！”父亲笑着问孩子：“有句俗语说‘不要当藏头露尾的鸵鸟’，你说鸵鸟遇到危险的时候应该怎么办呢？”笛卡尔毫不迟疑地回答：“如果鸵鸟遇到危险就把头藏在沙子里，那么它早就在地球上灭绝了，因为鸵鸟毛那么值钱，非洲人不抓它才是怪事呢？再说，它的腿那么长，身子那么高，也不大可能把头藏在沙子里呀。我想，它最好的逃生方式，应该是拔腿就跑！”笛卡尔非同凡响的一席高论，弄得周围的贵客们目瞪口呆。有人反驳说：“藏在沙子里的鸵鸟已经成了人所共知的常识，你怎么能随便怀疑呢？”父亲就鼓励孩子说：“常识也不见得句句都是对的。”

笛卡尔14岁那年，他又遇到了一个麻烦。笛卡尔父亲有一个好朋友是当地一位著名的商人，名叫希拉。希拉花了200法郎在巴黎买回来一只名贵的德国斑点狗，这在当时可真是一笔大价钱。然而买回来以后希拉不仅大失所望，而且叫苦不迭。因为这条挺好看的斑点狗是个超级哑巴，压根儿就缺乏看门的本领。尽管它出身名门，血统高贵，却像个大傻瓜一样，整天只晓得吃喝拉撒，把屎尿拉得满院子都是。

这弄得希拉非常恼火，曾经几次向笛卡尔的父亲诉苦说：“干脆把这条懒狗拉到几十公里的野外扔掉，让它当野狗好了。”笛卡尔的父亲不愿意这样做，他交代笛卡尔，要他一定给希拉解决难题。

笛卡尔立刻拿出纸和笔，飞快地画出一根树干，然后在树干上方描绘出几根树枝，并告诉父亲说：“这根树干就是斑点狗难题，这几条树枝就是尽可能多的解决办法。如此这般，我就采用数学解析的方法把狗的问题分解成了5个处理狗的方案。斑点狗不会看门也不会叫应该怎么办？

第一，希拉先生最容易的处理办法当然是再买一只，这种处理方式最简单而且最高效。当然也不是没有缺点，至少希拉先生还得从口袋里再掏出200法郎。

第二是把这条懒狗退回给狗场老板，当然这又得花费一大笔运输费用，而且这条懒狗又脏又臭，路上患了什么传染病也说不定。如果出现了上述情况，这就意味着希拉先生要增加一笔医疗费用。

第三是训练狗按警铃，同样可以利用狗的灵敏嗅觉和听觉发挥它的效用。在正常情况下，估计教会一只狗按门铃需要25～30天时间，还得请一位比较好的猎狗训练师，其全部费用大约是20法郎。根据成本和狗本身的价值来估算，这笔支出还是挺合算的。

第四是在狗窝里装一根触动绳。只要它一离开狗窝，就会碰撞绳子，触动警铃。根据我最近的观察，这条狗听觉特别灵敏，只要在100码以内出现脚步声，它就会像炮弹一样冲出来。因此可以断定，安装触动绳的办法费用最低而且肯定有效。

第五是找出狗不会叫的原因并且进行有效的纠正。我们甚至还可以建议希拉先生在大门口竖立一牌子，上面写着警示：“注意不会叫的看门狗！凶恶的狗比会叫的狗更可怕！”这才有威慑力呢。

父亲听了，大加称赞地对笛卡尔说；“你能够采用数学解析的方法来处理生活难题，这是一大发现！”

父亲的夸奖和鼓励，大大激发和增强了笛卡尔发展思维探索难题和研究科学的兴趣。1637年，他发表了自己的大部头著作《方法论》，提出一切知识都可以采用数学推理的方法来证实，从而一举成名。

爱因斯坦曾说过：“发展独立思考和独立判断的能力，应当始终放在首位，而不应当把获得专业知识放在首位。如果一个人掌握了他的学科的基础理论，并且学会了独立思考和工作，他必定会找到他自己的道路，而且比起那种主要以获得细节知识为其培训内容的人来，他一定能更好地适应进步和变化。”

“思考、思考，我就是靠这个学习方法成为科学家的。”

当前，西方国家已经把培养幼儿的思考能力放在教育的首位。美国教育界认为在学校只强调掌握读写能力而不会思考是不行的，这样不利于孩子们正常发展。必须掌握基本功中的基本功——思考功。他们说，应该鼓励孩子们动脑——创造性地思考，独立解决问题，自己做出决定，这对儿童成长至关重要！

因此，在美国的学校教室内到处可见挂着“走向独立解决问题的道路”“记住聪明猫头鹰的话：‘思考’”等巨型标语，孩子戴着的纸帽上写着“思考”，穿的汗衫上印着“我是一个小思考家”，处处提醒孩子去思考。

培养善于独立思考的人，是我们教育的目标之一。我们应当让孩子早一点儿养成勤于思考的习惯。

让孩子倾心想象

1425年4月15日，在意大利著名城市佛罗伦萨西南的一个小镇上，诞生了一个活泼可爱的小男孩。这给全家人带来了无限的幸福和快乐。7岁时，他被送进了教堂附近的教会学校去读书。但他似乎对课堂上老师讲的那些枯燥无味的拉丁文不感兴趣。他经常偷偷地从教室里溜出来，到村子外的田野里去玩。

他的天真与好奇心，只有在美丽的大自然中才能得到满足。他经常一清早就从家里出来，在上课之前躺在山谷的草地上，出神地注视着平地飞起的云雀，想象着它们飞翔的奥秘，或者眺望远处隐隐约约的阿尔卑斯山的雪峰，不知道那上面是否住着神仙。有时他想象着自己身上长了翅膀，像云雀一样，飞到阿尔卑斯山，去找山上住的神仙。每次外出，他总会带回一些奇怪的小动物或奇花异草，回家后观察，描绘。

时光流逝，日积月累，他画的东西逐渐有了一点儿画意，有一次，他花了一个月的时间把收集到的蜥蜴、蛇、蜘蛛、蜈蚣等各种小动物集中起来，从中选出各自具有特色的身体部分，拼凑起来再放大，画出了一个似幻似真的可怕的怪物。这位有着特别想象力的小男孩，就是后来著名的画家列奥纳多·达·芬奇。

在达·芬奇成名的道路上，不可否认他的勤奋与刻苦很重要，但谁又能否认他那丰富而奇特的想象力对他的帮助呢？其实，世界上的每个孩子，包括您的孩子，都是天生的梦幻家。

儿童文学家迈克·安迪曾经说过，他的《MOMO》和《Never Ending Story》这两本得到儿童文学奖的作品，其生活来源就是那些街头巷尾的孩子们的“梦幻之思”。

“梦幻”即想象力，在成人的眼中，那是一种不切实际的感觉，但在孩子的世界里，却是一个充满神秘与强大吸引力的理想处所。在这里，孩子可以骑着一条板凳，驰骋在辽阔的草原上；可以和一只小羊羔说悄悄话；可以是布娃娃的妈妈；可以是手拿玩具枪的无敌战士……

想象是智力发展的重要因素。人们把想象力比作智力的翅膀，孩子丰富的想象力是他们智力腾飞的重要条件。要开发孩子的智力，父母必须走进孩子的梦幻世界，去了解孩子，亲近孩子，发展并引导他们的想象力。一个人想象丰富，思路必然开阔，智力发展水平便会有所提高。世界著名的物理学家爱因斯坦就是由于其丰富的想象力而发现了相对论。据说他不是在书桌前发现相对论的，而是在近乎一种怪诞的想象中突发灵感而发现的。

夏天的一个早上，工作了一夜的爱因斯坦，走出了自己的书房。为了驱赶疲劳，他爬上了村子后面的一个小山头，清新凉爽的空气和悦耳的鸟鸣，使他顿感轻松了许多。爱因斯坦躺在小山头上的一块平滑的大石头上，眯着眼睛向上看，这时东方的一轮红日正冉冉升起，万缕霞光穿过他的睫毛射进了他的眼睛。爱因斯坦好奇地想，如果能乘着一条光线去旅行，那将是什么样子呢？于是他展开了想象的翅膀，在近似梦幻的世界里做了一次宇宙旅行。

神奇的想象力把他带进了一个地方，这个地方是经典物理学的观点所不能解释的。于是，爱因斯坦怀着急切的心情，走下山头，回到屋子里，提出了一种新的理论，以解释他的想象。而且他还坚信，这种理论比经典物理学还要正确，这就是震惊世界的“广义相对论”。

后来，爱因斯坦深有感触地说：想象力比知识更重要，因为知识是有限的，而想象力概括着世界的一切，推动着社会进步，并且是知识进化的源泉。如果一个人想象力贫乏，思路狭窄，其智力就难以发展。因此，要开发孩子的智力就必须开发孩子的想象力。让孩子倾心想象吧，心所能达到的地方有多远，人生就有多远。

让孩子热爱学习

张东的儿子马上就要升初二了，可从小学到现在的学习都是在父母不断的督促下完成的。早上起床要叫；放学回家做作业要催；预习和复习要监督；休息和放松的时间更要父母掌握，否则就会“超标”。老师在学期末的评语中也说，张东的儿子缺乏学习的主动性。

孔子说“知之者不如好之者，好之者不如乐之者”，这就是内动力的激发。人有内动力才能更好地、主动地前进。那么，怎样才能变孩子的“要我学”为“我要学”，使得他们有内驱力，自愿、自觉、主动去学呢?

首先，不要过分督促孩子。

家长的任务是培养孩子的学习兴趣，而不是监督或督促他们去学习，要真正地把孩子的主动权还给孩子，给孩子一个平和、安宁、温馨的学习环境。

家长的唠叨，不停的催促、训斥，使家庭气氛紧张，孩子无法获得宽松宁静的学习环境，这绝对不是行之有效的办法，而且老是被大人督促着学习的孩子，就非常被动，结果往往事与愿违，孩子会逐渐失去学习的主动性。

当然，对一些自制力较差或年龄偏小的孩子，适当的提醒、督促是必要的，但也要讲究方法。比如孩子玩得太久了，家长可以用商量的口吻说：“你准备什么时候做作业呢？”这样做的目的就是提醒孩子要自己安排学习，如果家长每天老是用命令的口气说：“该做作业了，不要玩了！”时间长了，必然会引起孩子对你以及对学习的逆反心理，那还谈什么主动。

假如孩子的学习态度上的缺点很严重，比如马马虎虎的坏习惯等，父母对此要进行“责备”，但也应该变换不同的言语来指出，切忌唠叨，还要注意责备时语调应比平常说话的语气低一些，让孩子明显感觉到你所要表达的不是责怪，而是对他的关心。

其次，让孩子明确学习目的。

如果能让孩子了解，为了自己的前途，现在辛苦读书是绝对必要的，那么，对孩子来说，这就将成为一个比什么都强烈的用功动机。可以让孩子谈自己的理想，让他们的理想充分扩大发挥。这样一来，许多孩子会自然而然地领悟到：要实现自己的理想，现在就非努力用功不可了。

大家都知道，一般人的智力差异并不大，但为什么在同一个班里，同样的老师教，为什么有的同学能学得很好，而有的学习的效果却相差那么远呢？究其根本原因就是学习目标是否明确、有没有长远的理想和目标。学习目的不明确，不够刻苦，懒懒散散地过日子，不用功学，这些同学的学习成绩当然提不上去。久而久之还会对学习失去兴趣和信心，造成恶性循环。所以，想孩子学得好，首先要使孩子有明确的学习目的。

第三，创造适宜孩子学习的家庭气氛。

有位教育学家说过：“在学习方面，人的最有价值的财富是一种积极的态度，而在这种态度下，头脑会因此产生一个新的思想而伸展，再也不会回到它原来的层面。”有研究表明，80%的孩子学习比较困难大多与压力过重有关，而要想提高孩子的学习效率的和开发的创造潜能，就必须设法解除这些压力。因此，我们要善于为孩子创造适宜的学习气氛，营造宽松愉悦的环境。

最后，让孩子学会主动学习的方法。

当孩子提问时，不要推托，也不要直接告诉他答案，而是告诉他通过哪些途径可以找到答案。如查字典、从相关的报刊书籍中查找、动手实践等都是好方法。

鼓励孩子有不同见解。如果让孩子全部服从课本、老师、家长，是抹杀孩子的创造力，变成“死读书”了，长此以往，孩子对学习变得被动没有激情了。

孩子能否自主学习，还要看家长是否真正放手。学习上的事情，要尽量让孩子自己安排（比如何时做作业、看电视、休息等），家长可以适当给予引导和提醒，但决不能包办，否则孩子会对父母有依赖感而缺乏主动。

让孩子果断决定

位父亲开车送自己的女儿上学，但是由于路上堵车所以迟到了，孩子怕挨老师的批评，就坐在车里哭，要求一定要父亲陪着才进教室，否则就不下车。孩子当时心里想的是：爸爸是一个有名气的画家，看在爸爸的面子上，老师可能就不会责骂她了。但是，这位画家父亲并没有因为孩子的哭闹而心软，而是果断地拒绝了女儿的请求，同时给了女儿两个选择，一个是自己进教室，另一个就是立刻回家。结果，女儿不得不自己走进了教室。

这位画家父亲的做法就明确地告诉了孩子，许多事情是你自己必须解决的，不能依靠别人的帮助。要知道，你今天不想面对的，明天还是一样需要你去直接面对。

不要在对待孩子的事情上“帮你没商量”了，孩子自己的事，他理所当然要自己决策；自己的行为，就要自己负责。家长这个观念的树立，对成长中的孩子有重要的影响。如果我们把决定的权利交给孩子，孩子就会对自己负责，就会做出让你也觉得吃惊的成绩来。主观地为孩子做决定，结果往往事与愿违。

孩子的自我决定的能力，只有在自我决定的过程中才能培养出来。这是父母必须知道和遵循的规律。要着力培养孩子的独立决策能力，家长可以按照下面的步骤进行：

让孩子自己决定可以从小处做起，小至出门穿什么、吃什么，大至以后主修什么科目、选择什么行业、家务的分配及压岁钱、零用钱的分配等都可由孩子自行决定。许多父母不放心，常在中途插手接管，反而弄巧成拙，不妨在一旁协助，为他做一些分析的工作，他会感激不尽的。这里面就包含了观察、分析、权衡、判断、综合等思维的过程。孩子每有过这样一次经历，其做决定的能力也就随之提高了一分。

假如孩子不会自己做决定或做出错误的决定，家长也不要马上给予批评，更不应该强迫孩子服从自己的意愿。此时，正确的做法应该是多给孩子一些必要的提示以启发孩子，给孩子讲清其中的道理。

要让孩子了解不推卸责任很重要，因此再让孩子练习做决定时，也要让孩子承担做决定的后果从而不断学习，不断提高判断能力。如果孩子坚持穿裙子去操场玩，结果不小心弄破了皮肤，你不应该说：“瞧，我叫你穿裤子对吗？”而应说：“你想一想，如果我们下次再来操场玩，我们怎么保护好自己？”随着孩子年龄的增长，经验也随之增多，做决定的能力与技巧就会渐渐提高。

谢军12岁时，很想去棋队学下棋。她的妈妈是清华大学毕业的电子工程师，为独生女儿考虑更多的是她的学业和前途。于是，母女间进行了一次很严肃的交谈：“你很喜欢下棋，对吗？”谢军点点头。妈妈严肃地对她说：“那好，不过你要记住，下棋这条路是你自己选择的，今后，你要对自己负责！”可以说谢军所获得的成功，与她妈妈的这番话不无关系。

“让孩子自己决定”，就是培养孩子的责任感，教孩子如何做人。这是父母对孩子的信任与尊重，这是小鹰飞上蓝天的力量！

让孩子主动表达

刘宾现在已经5岁了，这么大的孩子本该是活泼好动、爱说爱笑的，可刘宾却冷静得出奇，很少见他说话。据幼儿园的老师反映，刘宾一个学期只说了8句话！生活中常见的事物名称和一些简单的话，他都不会说。他在说话时，总是吐字不清，发音不准，而且结结巴巴。刘宾是生理有缺陷、发音器官有问题吗？经医生诊治后，并没有发现任何异常现象。那是什么导致刘宾的沉默寡言呢？

原来，在刘宾刚刚1岁时，爸爸妈妈都出国学习了，把他留给了奶奶。他的父母在国外一直待了三年才回国。在这三年里，刘宾整天和奶奶在一起。刘宾的奶奶没有文化，又加上由于丈夫过早去世，她长期一个人单独生活，养成了孤独、沉默的性格。她除了让刘宾吃饱穿暖以外，平时很少逗他说话。刘宾由于长期缺少与人交流的机会，错过了语言能力发展的关键期，才导致了今天的后果。

这则案例就说明，导致孩子沉默寡言的原因主要来自家庭环境。如果家长在生活中不多和孩子沟通，不能给孩子营造一个良好的锻炼语言表达的环境，不能给孩子自由表达的机会，就会把孩子的嘴巴封起来，其结果就会使孩子形成孤独、沉默的性格。

为此，专家指出，父母对孩子的“说”要进行引导，其要求是：用你的倾听和诱导来鼓励孩子的说，并为他的说“起兴”和“搭桥”。父母引导孩子学说话，关键就是两条：一是给孩子提供说话的条件，大人要有耐心去听；二是强化孩子把话说好的欲望，让他逐步知道说话也是学问。

但生活中常常有这样的情况：父母决定了一件事，孩子持有反对意见，刚说了一两句，父母就听不顺耳了，喝令他“住口”。父母老是觉得孩子不懂事，轮不到他们说话。其实，孩子从他自己的角度看问题，往往有独到的见解，哪怕孩子气一点儿，也的确可以启发父母，弥补父母的决定或认识的不足。

渐渐你就会发现，老是被“住口”二字打断话头的孩子，慢慢就变得沉默了，他也就懒得跟父母说话交流了。这是因为父母的“禁令”让他觉得自己的意见根本不受重视，说了也是白说。而一旦出现这种情况，孩子的自我表达能力便会逐渐降低。

现代社会，语言表达能力是取得成功的关键所在。父母一定要注意培养孩子良好的语言表达能力，让孩子在任何时候都能够随心所欲地表达自我的感受。

让孩子自己解决问题

在儿子很小的时候，他的父亲认为儿子能够完成一件事的时候，从不主动帮忙。孩子摔倒了，他只是不慌不忙地说：“自己爬起来。”孩子玩玩具拼图，怎么也拼不好，他在一边稍加指点，然后告诉孩子：“爸爸可不帮你，你能拼好的。”

儿子大些之后上了学，有一次，孩子放学回家对他说：“爸爸，我们老师说要组织一次野炊活动，可是经费得自己想办法，不能向家里要。可是我到哪里去挣钱呢？”

对于此类事情，有的家长可能会认为，孩子这么小，老师这么安排，这不是难为孩子吗？于是，有的家长就主动拿出钱来，孩子也就心安理得地接受了。

但这位父亲没有这么办，他对儿子说：“自己的问题可要自己解决。爸爸只能提个建议，要靠自己的真本事挣钱。”后来，儿子就和同班几个比较要好的同学一起，替报社卖报纸，辛苦了一个周末，也挣到了足够的钱。

这样的事多了，孩子也慢慢被锻炼出来了，遇事不再找父母，而是先自己想办法，实在解决不了，才请求父母帮忙。事实也证明，孩子在能力所及的范围，是可以自己去解决很多问题的。

我们做父母的，首先要相信自己的孩子具有自己解决问题的能力，绝不能事事包办代替，必须牢记：孩子们能够通过自己的经历学会解决问题。要为他们创造机会，让他们自己解决问题。

对于哪些事情该父母做，哪些事情该孩子自己做，又有哪些事情可在父母的指导和帮助下完成，父母应把这些问题给孩子讲明白。应当由孩子自己做的事情，父母应给其划定一个明确的范围，并根据孩子的不同年龄制定不同难度的目标范围。

而且，我们父母还要知道，孩子需要得到的是自己解决问题后的欣喜与满足，这就是孩子喜欢自己去尝试、去解决问题的原因。因此，父母应看到孩子有自己解决问题的潜在能力，切忌在孩子们不需要的时候擅自帮助他们，擅自为他们决定某些事情。当孩子遇到困难时，父母不应嘲笑、指责孩子，而是鼓励孩子动脑筋想办法，用引导的方式帮助孩子寻找解决问题的途径或方法。

即使是很小的孩子，他们解决问题也会有多种方法，只有放手让他自己解决一些力所能及的事情，孩子才能逐步学会自己处理事情，自己解决问题。教育是随时随地的，培养孩子各种能力的机会更是无处不在的。适当的时候，做父母的学会做一个“旁观者”，看着孩子在挫折中找到成功，在生活中得到教育，每一个孩子都有这个潜力，父母要相信孩子会在独立中学会解决问题。只有如此，他在以后的人生路上，才能自己走得很轻松，知道如何去应对所遇到的一切。

父母在教育自己的孩子时，除了在日常生活中为他创设一些解决问题的情境外，还应逐步教给孩子一些和他人相处的方法，即解决问题或矛盾的语言和策略。这样经过一段时间的积累，孩子便逐渐能学会在解决问题时该使用怎样的语言和策略，也能学会怎样和他人相处。

因此，家长要努力为孩子提供更多的解决问题的空间，在必要时可以给予他们一定的帮助，这才是聪明家长的最佳选择。父母自己遇到难题时要保持头脑冷静，不能表现出过分的沮丧、急躁与气馁。家长首先要敢于面对现实，积极想办法克服现实生活中的困难，才能为孩子做一个好的榜样，使孩子受到潜移默化的影响，选择自己寻找解决问题的方法。

让孩子主动承担责任

有一位朋友在法国朋友家做客，吃饭时主人家8岁的孩子用一小块面包逗小狗玩，狗跳起来撞翻了他手中的盘子，盘子碎成几块。男孩对父母说：“你们看见了，是小狗打碎了盘子，不是我的错。”这时，父亲过来叫男孩离开餐桌到他自己的房间里去，想想自己到底有没有错。十几分钟后男孩走出房间，说：“小狗有错，我也有错，我不该在吃饭时逗狗。这是你们多次对我说过的。”父亲笑了：“那么今天你就该为自己的错误承担责任：收拾餐桌，并拿出零用钱赔这只盘子。”男孩同意了。

生活中的点滴小事，都是培养孩子的责任感的机会，无论孩子的独立行为的结果是好是坏，父母都要引导并鼓励孩子敢做敢当、勇于承担责任，而不宜由父母替孩子承担后果，以免给孩子提供逃避责任的机会，淡漠孩子的责任感。

另外，还要让孩子从小就学会做一个信守诺言的人，自己许下的诺言，就必须尽力去履行，只要是答应了别人的事情，就必须认真对待，这既是对别人负责，同时也是对自己负责。

此外，还有一点是家长应该注意的：要培养孩子的责任感，家长自己必须是具有责任感的人。

世界著名化学家、炸药的发明者艾尔弗雷德·诺贝尔对社会的责任感就是来自父亲的言传身教。诺贝尔的父亲老诺贝尔对研制炸药特别感兴趣。一次，诺贝尔问父亲：“炸药是伤人的可怕东西，为什么还要研制它？”老诺贝尔这样回答孩子说：“虽然炸药会伤人，但是，我们要用炸药来开凿矿山、采集石头、修筑公路、铁路、水坝，为人民造福。”听了父亲的话，诺贝尔接着说：“我长大了，也要研制炸药，用它造福人类。”可见，父亲的责任感、事业心对诺贝尔的影响很大。

第七章

他们都是被夸出来的天才

20世纪最伟大的科学家——爱因斯坦

爱因斯坦是20世纪最伟大的物理学家。他在物理学的许多领域都有贡献，比如研究毛细现象、阐明布朗运动、建立狭义相对论并推广为广义相对论、提出光的量子概念，并以量子理论完满地解释光电效应、辐射过程、固体比热，发展了量子统计。1921年，爱因斯坦获诺贝尔物理学奖。

阿尔伯特·爱因斯坦刚生下来时，脑袋特别大，与他身体的比例很不协调；尤其是后脑勺，不但大，而且有棱有角。要是一般的父母一定会担心孩子会不会是畸形儿，然而阿尔伯特的父亲赫尔曼·爱因斯坦却说："那可能是因为他那个脑袋里装的智慧太多了！"一句话，饱含了他对孩子的期望。

转眼，爱因斯坦2岁了，但却不能像大多数孩子那样开始咿呀学语，而且孤僻缄默得让人生疑，人们再联想起他那个不甚正常的头型，他们简直不敢再想下去了："这孩子会不会是个哑巴或者痴呆？"

小爱因斯坦快3岁时还不会说话。他的母亲波琳就对丈夫说："亲爱的，你不是说咱们儿子大脑袋里装满了智慧吗？可是他都这么大了还不会说话，那脑袋里究竟装了些什么呢！"

但是，父亲对自己这个大脑袋儿子仍然抱有信心，他说："你别看他说话晚，等到他会说的时候，一定说起来就没完！"

这个时候，爱因斯坦虽然不会说话，但耳朵很灵敏，对音乐极为敏感。

有一次，母亲在自家的花园里弹钢琴，当她正弹得起劲的时候，突然发觉后面有响动，她回过头去，发现小爱因斯坦正歪着大脑袋，聚精会神地听她弹奏，而且看那样子，分明是已经听得入迷了。她微笑着拍拍爱因斯坦的头："我可爱的宝贝，看你入神的样子，难道你听懂了吗？"

接下来，每当母亲坐在钢琴前演奏贝多芬等一些著名作曲家的作品时，他都会悄悄地坐在母亲的旁边静静地倾听。小小年纪的他就懂得音乐不仅可以抒发内心的情感，还可以像画笔一样，描绘出蓝蓝的大海和柔和的月光，真是太美妙了。

母亲通过一次次的观察，认为"大头儿子"肯定有音乐的天赋，于是请来城里一位最优秀的小提琴手做爱因斯坦的家庭音乐教师，请他专门教爱因斯坦演奏小提琴。爱因斯坦进步虽不是很快，但他非常刻苦。渐渐地，他已经可以断断续续地演奏部分莫扎特作品的片段了。

小爱因斯坦不会说话，就进入了音乐的世界，究竟在这个世界他看到了什么，谁都不得而知，但有一点是肯定的，那就是他找到了自己所希望的东西。

可是，事情没有像父亲所希望的那样发展。

小爱因斯坦快到4岁时才开口说话，他并没有像父亲预料的那样“说起来就没完”。相反，他整天沉默寡言。

小爱因斯坦终于开口说话了，这让波琳太太一颗悬着的心渐渐地放了下来。不过，这个沉默恬静的小孩还是有意识地回避与他年龄相仿的伙伴们，从来不跟别的孩子玩儿，经常一个人躲在安静的地方沉思。

母亲尽可能多地抽出时间来和小爱因斯坦交流。这样做的目的，是为了把他从封闭的世界中拉出来，促进其语言的发育。只要她的儿子能够把自己所想的事说出来，那么她就可以帮他了。

但是，等小爱因斯坦稍稍长大些后，性格也很古怪，他从来不跟同龄的孩子们玩儿。

爱因斯坦5岁时，父母为他请了一个家庭女教师。第一次上课时，爱因斯坦大概发现自己将失去自由的个人世界，他大发脾气，向老师扔椅子以示抗议。为此，爱因斯坦的父母只好马上结束这还未开始的教育。

有一天，爱因斯坦夫妇外出最来，当他们推开院门时，不禁大吃一惊：院子里有一个楼房的模型！那模型跟真楼房的样式几乎没有什么区别，简直是真楼房的浓缩！

等再仔细一看，原来这个微型楼房全是用小废木块搭的。

而且那些小木块互相咬合在一起，着力平均，好像一个懂几何学和力学的中学生搭的。

他们不相信这是小爱因斯坦的杰作。

父亲问小爱因斯坦："儿子，刚才有谁来了？"

小爱因斯坦说："谁也没来。我不希望有人打扰我！"

母亲指着楼房模型又问："那么这幢小楼是谁搭的？"

小爱因斯坦头也不抬地说："当然是我搭的了！"

母亲抱起小爱因斯坦就亲个没完。这件事让她更加确信小爱因斯坦不像他表现得那样笨，而是一个聪明异常的孩子。

值得庆幸的是，爱因斯坦的独特之处并没有被父母视为一种异端而遭受歧视，因此爱因斯坦成长为一位伟大的物理学家成为可能。这一点，是值得很多中国的父母借鉴的。

爱因斯坦童年时，还有一件非常值得一提的事。

一天傍晚，下班回来的赫尔曼先生一踏进家门，就对着爱因斯坦的房间大声喊："阿尔伯特，快来看看爸爸给你买什么礼物啦！"

正在专心练琴的爱因斯坦一听"礼物"两个字，便立即兴高采烈地从房间里跑了出来。

只见爸爸从他的包里取出一个纸盒，然后小心翼翼地慢慢打开它。

爱因斯坦好奇地接过来一看，里面装的是一个圆圆的、像大个儿怀表一样的东西。只是这个“大怀表”的四周除了均匀的刻度，还相对写了四个字母：N、S、E、W。它与怀表更大的不同之处还在于它只有一个指针，它正在不停地左右摇摆。

“这是什么呀？是不是一块手表啊？可是，上面似乎多了点儿东西。”爱因斯坦惊疑地问爸爸。

“听我给你讲啊，它不是表，表是用来计时的，而有了这个东西，你就可以知道方位了，它是用来确定方向的。”父亲耐心地做起了讲解员。

当爱因斯坦发现这个罗盘如此神奇时，眼睛便开始发亮。现在，这罗盘奇妙的功能已使爱因斯坦爱不释手了。

他拿着罗盘不停地晃动，不管怎样摇动，磁针总是指向一个方向——北方。

“磁针为什么总是指向北方呢？”爱因斯坦望着神奇的罗盘，自言自语。

“这是因为我们所住的地球，有一种磁力，这种磁力将磁针引向北方了。”爸爸听了爱因斯坦的话后，耐心地解释道。

“这种磁力到底是在地球的什么地方呢？”

“可以说，整个地球到处都有。”

之后的一连几天，爱因斯坦常常双手捧着那个小小的罗盘发愣。他不断地尝试着把它翻转，或是缓缓地转动方向，可无论他怎么做，那个小指针始终指着北方。他知道，这是那个看不见、摸不着的地球磁场在起作用呢。他想和那个小指针一起感受这个地球磁场，指针依旧指着北方，而他自己却什么也没有感受到。

一天，爱因斯坦终于忍不住去问雅可布叔叔，因为雅可布叔叔不仅读过大学，而且还是一名工程师。

“雅可布叔叔，您能给我详细说说有关磁场的事吗？”他扬起小脸，眼睛里充满对知识的渴望。

“阿尔伯特，你才这么小，怎么就问起这个问题来了？”雅可布叔叔感到有点儿奇怪。

爱因斯坦小心翼翼地从怀里取出那只罗盘，然后问道：“我看不到磁场，也摸不着。那么它是怎样让罗盘的指针指向北方的呢？”

雅可布叔叔对爱因斯坦的问题也感到有点儿为难，因为他对地球的磁场问题了解得也不是很透彻，只好说：“这个问题我一时也不知道该怎样回答你，或者，不知道怎么说你才能明白。你现在还小，等你上了中学、大学，就能够明白了。说实话，很多问题大人也在研究。”

“那——磁场看不到也摸不着，我们人类又怎么知道并确定它存在呢？”爱因斯坦没有办法，只好退一步问。

“它是存在的。罗盘里的指针不就是很好的证明吗？其实，世界上很多东西都是我们用眼睛看不见、摸不着的，不过它们的确存在。如引力场，在地球上我们叫它重力场，它也和磁场一样是存在的。我们把一件东西扔到空中，它又落回到地面上，这就是重力场的作用。”

爱因斯坦还是听不太懂，但他潜意识中觉得叔叔说得对，所以认真地点了点头。

雅可布叔叔对爱因斯坦说：“世界上所有自然现象背后遵循着一定的规律。这个世界就是由这些看不到却一定存在的规律统治着。虽然看不到，但我们却能够发现它，认识它。”

“它们和上帝一样，是吗？”

雅可布叔叔笑了，说：“有点儿像。不过它们是两码事。”

爱因斯坦心里盼着自己早日长大，那样，他就可以搞清楚一些事情背后的原因了。

爱因斯坦经常会陷入苦思冥想之中。雅可布叔叔非常高兴，他认为这种平凡而又神圣的好奇心，正是爱因斯坦成长必需的动力！

爱因斯坦在学校的时候总是心不在焉，希望快点儿下课，好快点儿回到自己那个广阔的世界中去。

爱因斯坦的这种表现，当然不会得到老师的喜欢，所以在大多数老师的眼里，爱因斯坦并不是一个好学生，因为他既不守纪律，又整天都心事重重，谁也搞不清楚他到底在想什么。

赫尔曼先生为了儿子上学的有关事宜跑到学校，负责接待赫尔曼的是学校的训导部主任。看着主任那张挂霜的脸，赫尔曼小心翼翼地问：“按我的儿子性格特点，将来应该从事什么样的职业？”

没想到训导主任竟毫不客气：“不用问了，你的儿子无论做什么，都将会一事无成。”说完，他轻蔑地望了爱因斯坦的父亲一眼，便低头开始忙自己的事了。父亲手足无措地站在那里，心里非常难受，他不知该说些什么，也不知该做些什么。

过了一会儿，那位主任又抬起头来，把爱因斯坦在学校的一切“不好”的表现一一向赫尔曼介绍，说所有的老师都嫌爱因斯坦性格孤僻、大脑迟钝，并指责他“不守纪律、心不在焉、想入非非”。

“偏见，这一切都是偏见造成的。我的儿子，阿尔伯特·爱因斯坦是一个好孩子！”赫尔曼在心里恨恨地说。

后来，爱因斯坦因为沉醉于自学，被学校勒令退学。父亲依然坚持：“我的儿子，阿尔伯特·爱因斯坦是一个好孩子！”

大家想一想，爱因斯坦4岁才开口说话，从小性格古怪，甚至有些木讷，上小学时成绩不好，中学时被勒令退学，在常人眼里，这是不是一个笨孩子？可是，爱因斯坦的父母用赏识的眼光发现了他超人的音乐天赋，发现了他可贵的探索精神，从此为他打开了通向广阔人生的大门。爱因斯坦成功了，但一切首先取决于他父母教育的成功。

全世界的榜样——海伦·凯勒

海伦·凯勒—— 一个生活在黑暗中却又给人类带来光明的女性，一个度过了生命的88个春秋，却熬过了87年无光、无声、无语的孤独岁月的柔弱女子。然而，正是这么一个幽闭在盲聋世界里的人，用生命的全部力量四处奔走，创建了一家家慈善机构，为残疾人造福。她不仅用行动证明了人类战胜不幸的勇气，而且还将自己所经历的痛苦和幸福记录下来，给后世以勉励。著名作家马克·吐温说19世纪出了两个杰出人物：一个是拿破仑，一个是海伦·凯勒。

1880年6月27日，海伦在美国亚拉巴马州的塔斯坎比亚小镇诞生。父亲亚瑟·凯勒，曾经担任过南北战争时期南军上尉，后来成为“北亚拉巴马州人”周报的老板和主编。海伦的母亲凯蒂·海勒，系出名门，祖先曾经当过维吉尼亚州的州长。

海伦是家中长女，12个月大的时候，她就已经学会走路，生活充满欢乐。一岁半以前，她聪明又活泼，带给家人无与伦比的快乐。突然，她生了一场大病，家庭医师诊断为“急性的胃与脑的充血”，这病使海伦失去了听力和视力，因而也失去说话的能力。海伦从此被关入寂静、阴郁的黑暗里。

随着年龄的增长，海伦愈来愈想要表达心中的想法，却无法为家人朋友所理解，因而常常生气，甚至用恶作剧来发泄心中的愤怒。她无法像一般的小孩一样掌握生活的基本能力，她用手抓东西吃，脾气暴躁，生气乱摔东西，可以说是父母无法管教的“不驯的小怪物”。

海伦·凯勒不正常的举动，家人都理解和宽容。家人，尤其是母亲给了海伦·凯勒比以往更多的关心、更多的爱。

母亲非常爱护海伦·凯勒。葡萄和樱桃刚刚熟，母亲就千方百计给她带些回家，让她最早感受到新鲜水果的滋味。一有空，母亲就带她到院子里散步，母女俩手牵手，在树荫下走过，在花丛中徜徉。海伦·凯勒用手、用心感受着大自然的变化，感受着母爱。

父母还通过盲人教育家亚历山大·葛理翰·贝尔的介绍，请到安妮·莎莉文来当海伦的家庭教师。

1887年3月3日，莎利文小姐来到海伦身边，她改变了海伦的一生。她以无比的爱心和教育的热诚，让海伦从黑暗寂静的世界中走出来，拥抱世界的光明。在她的帮助下，海伦从大学毕业，而且还成为推动残障人权与残障福利的斗士与勇士。

莎莉文老师从来不相信海伦会是一个无可救药的坏孩子。她知道海伦·凯勒听不到，看不到，也无法说话，于是她开始教导海伦·凯勒手语，并且把握日常生活当中的每一个机会去教导她。当莎莉文老师送给海伦·凯勒一个洋娃娃时，就会在她的手心上拼出“d–o–l–l”这几个字，海伦·凯勒以为老师在和她玩游戏，于是她很快就学会了并且向妈妈炫耀。渐渐地，海伦·凯勒能拼出很多字，但是她不明了这些手语是做什么用的。莎莉文老师并没有放弃，依旧用爱心和耐心，尝试用许多方法来鼓励她。

有一天，莎莉文老师将海伦·凯勒的手放在喷水孔下面，让清凉的泉水溅溢在她的手上，同时在她的手里写下“w–a–t–e–r”这几个字。突然间，海伦·凯勒了解到这就是语言，而这个流经手上美妙清凉的东西叫作“水”。海伦·凯勒兴奋地有些颤抖，她学到了生命当中重要的一课：原来每一样事物都有一个名称。同样感到欢喜的人，就是莎莉文老师了。

从此以后，对海伦·凯勒而言，每一样事物似乎都变成了活生生的东西，因此她变得快乐而有自信。

莎莉文老师还带着她体验大自然，融入大自然。莎莉文老师也教她怎样去欣赏树木的芬芳、花朵的美丽，她获得的知识越多，就越感到这个世界的可爱。有一天，莎莉文老师引导海伦·凯勒，什么是“爱”。她说：“你知道吗？被烈日晒了一整天的花朵和干渴的土地，在获得雨水时是多么高兴啊！而‘爱’也是无形的，但是你可感受到爱带来的甜美。没有爱，你将无法提起兴致，而变得死气沉沉。”老师的这些话在海伦·凯勒的脑海中激荡，她逐渐体会到什么是“爱”。

每当遇见海伦·凯勒高兴或感兴趣的事物，莎莉文老师都不厌其烦，再三地教导海伦·凯勒。学地理时，莎莉文老师便用黏土做出立体的地图，让海伦·凯勒可以摸出山谷，山脊以及弯曲的河道。

满怀爱心的莎莉文老师把握每个机会，把快乐和知识倾注给海伦·凯勒，让她的生命从小水滴逐渐成为一条宽阔的河流。

莎莉文老师在海伦·凯勒的心中，除了是老师，也像母亲一样，时时关心她，了解她的需要，给予她安全感。

当海伦·凯勒进入学校读书时，莎莉文老师在一旁寸步不离地陪她上课，用手语为她翻译教授的上课内容。

海伦·凯勒突破生理上种种的障碍，一天天地进步成长，后来声名大噪，成为家喻户晓的人物。

海伦·凯勒，一个又聋又哑的孩子，都能在赏识教育中成长为一棵让世人瞩目的参天大树，何况健康的孩子呢？看来，如果他们没有足够优秀，只能是家长还没能领略赏识教育的实质吧！

绘画艺术大师——毕加索

毕加索有着惊人的绘画天赋，但小时候在要求循规蹈矩的学校里，他根本就不是社会所认定的那种好学生。

对毕加索来说，上学一开始就是一种磨难，这个好动的孩子，对遵守学校纪律深恶痛绝。而对于需要不断创新的绘画来说，他的这种不屈服传统的精神则显得非常可贵。

每天上课铃一响，毕加索那难以忍受的煎熬就开始了。一个小时对他来说是那么漫长，老师的滔滔不绝对毕加索来说无异于噪音。有时，他目光呆滞，对周围似乎毫无反应，他的精神在稀奇古怪的幻想天地里遨游。有时，实在忍受不了了，他会突然在课堂上站起来，走到窗前敲敲玻璃，满心希望学校对面的姑夫安东尼把自己解放出来。

就这样，上了两年学，小毕加索根本就学不会最简单的算术题，更谈不上读书了。毕加索的注意力太分散了，他后来回顾道：“一加一等于二，二加一等……我脑子里根本就没去想。老师认为我未做努力，我当时也拼命想集中自己的注意力。我常常这样对自己说：现在我要集中注意力了，咱们瞧着就是。二加一等于……一点钟……啊！不对。”

鉴于他在学校的表现，同学常常嘲笑他是“呆子”。有时一下课，同学们就走到依旧呆呆发怔的毕加索面前，逗弄他：“毕加索，二加一等于几？”而毕加索的老师认为这孩子根本不具备学习能力，他的智力太低了，以致毕加索的老师多次跑到毕加索的父母面前，绘声绘色描绘毕加索的“痴呆”表现。为此，毕加索的母亲又羞又恼。

本来镇上的人们对毕加索的天赋大为惊异，现在他们不那么认为了。要知道，天才肯定具有极高的智商，所以小毕加索根本就不是天才，单有绘画才能有何用处，他的父亲堂·何塞不就是一个默默无名的小画家吗？他连自己的家都养活不了！在本镇多数人看来，写写画画的人不是性格乖张，就是吊儿郎当之徒。

整个社会似乎已有公论：毕加索是一个傻瓜。面对来自社会的讥嘲与蔑视，何塞没有随波逐流，这不仅仅源自舐犊之情，而是他认为只有他才真正理解与赏识孩子。如果从世俗的眼光来评价一个孩子，那么父母亲极易被流俗所左右，而缺乏对孩子的独特的发现与认识。何塞坚持自己的意见：毕加索读书不行，绘画却极有天赋。事实上，我们在教育孩子时，很多人是以他人的眼光来认识孩子的，是以社会的标准来要求孩子的，他们总喜欢拿自己的孩子与同龄的孩子相比较，从而得出貌似客观的评价。

这时，为了掩饰自己学习上的落后，毕加索总是毫不费力地绘出才华横溢的图画，企图以此来躲避他所学不会的东西。然而，嘲讽来得更猛烈了，小毕加索脆弱的心灵蒙上了阴影，他变得不爱说话，成天没精打采。

关键时刻，是何塞给儿子注入了一针强心剂，他固执地认为：天生儿子必有用。

为了抚慰儿子受伤的心灵、拉近父子之间的感情距离，何塞开始坚持每天都送儿子去上学，到了教室里，他把带来的画笔、用作模特的死鸽标本放在课桌上。既然儿子读书不行，就不要勉强，过分强迫儿子去学习文化，最终会把儿子的绘画天赋也扼杀了，何塞这样想。

有了父亲的支持，毕加索每天都沉浸在想象的天地里。课堂上，他对功课不闻不问，却对绘画有着过人的理解与表达，只有在作画的时候，毕加索才能找到自己的快乐。

这段时期，何塞成了儿子强有力的心理依靠，似乎离了父亲，毕加索根本没有勇气去面对生活。以致每天上学，必须在得到父亲会来接他回家的承诺后，毕加索才会松开父亲那温暖的手。

作为后进生，在学校关禁闭已成了毕加索的家常便饭。禁闭室里只有板凳和白色的墙壁，但这样关禁闭对毕加索来说却像过节一样。因为他可以带上一叠纸，在那儿没完没了地作画。直到傍晚，父亲在夜幕降临之前接他回家。何塞从来不会粗暴地责骂儿子，他知道儿子在坚持不懈地追求自己的艺术，儿子关禁闭时丝毫没有忘记绘画，他有什么理由去斥责他呢?

毕加索在父亲的影响下，重新恢复了自信，终于度过这段难熬的时期。作为父亲，何塞坚信自己的儿子能成功，最终他得到了最好的回报。

大卫·洪贝克督学曾经指出，当大人对孩子产生信心时，将有两件事情会产生：第一，大人本身会变得更为乐观，因此当他和孩子沟通时，其言语及行动都更为正面；第二，大人这样的态度让孩子在学习上更加勇敢、更加热诚。洪贝克说：只要校方相信“每个孩子都会成功”，那么学校本身也会更成功。

这种信心就是父母需要的，如此父母才能带给孩子最好的教育。具体地说就是：“我永不放弃孩子。”这是成功父母最重要也最优先的秘诀。

你的孩子值得你对他有信心。你对孩子的信心，将会收获孩子相同的回应。当你做了某些新的努力时，你可能在中间过程中与孩子达成共识。只要孩子认为它们是真的，孩子会很自然地依赖你、相信你，并且尽一切可能来取悦你。但是同时，他们也会想到拥有健康、快乐及独立的生活。这些都是值得肯定的。

“我永不放弃孩子！”这句话意味着，不管孩子表现得如何，你都相信孩子是优秀的，让他真实面对自己。